JN024034

チームが
自然に
生まれ変わる

「らしさ」を極める
リーダーシップ

EFFICACY-DRIVEN
LEADERSHIP

Lee Youngjun
Hotta Hajime

Mindset, Inc. CEO 李英俊
Cinnamon AI / Futurist 堀田創

ダイヤモンド社

「部下にやる気が感じられない……」

「上司から言われたことしかやらない……」

「職場全体がなんとなく冷めている……」

リーダーの経験がある人なら、

部下やチームにそんな想いを抱いたことがあるはずだ。

あえて強い言い方をすれば、

〝たるんでいる〟という感覚である。

人が集まって仕事をすると、そこには

「どんどん行動を起こす人」と「なかなか動こうとしない人」が出てくる。

メンバー間のやる気のギャップがあまりに大きかったり、

極端にサボっている人がいたりすると、そこからチームはおかしくなっていく。

あえて言うなら、リーダーの役目は「チーム内の熱量差を克服すること」だ。

これこそが唯一の使命だと言ってもいい。

あなたは「熱量の差」に、

見て見ぬふりをしていないだろうか？

「ひとまず現状でもチームは回っているし……」

「やる気のあるメンバーさえ結果を出してくれれば……」

「多様性の時代だし、仕事のスタンスは〝人それぞれ〟で……」

そんな言い訳をしながら、やり過ごそうとしていないだろうか？
現代のように、リモート環境で働く人が増えたり、
個人の働き方がバラバラになったりすると、
集団にはものすごい〝遠心力〟が作用しはじめる。
あるいは、すでにそのエネルギーによって、
気づかぬうちにバラバラに崩壊しているチームも少なくないだろう。

だからこそ、リーダーはチーム内の熱量差を
放置するわけにはいかない。

では、あなたの職場は、なぜ〝たるんでいる〟のだろう？

なぜ同じチーム内に「熱量の高い人」と「熱量の低い人」がいるのだろう？

いろいろな答えがあるだろうが、この問いに対する本書の答えはこうだ。

それは部下のせいでも会社のせいでもない。
チームがたるんでいる理由は、ほかでもなく、
リーダー自身が〝たるんでいる〟ことにある。

チーム内の熱量差とは、
あなたがやるべき仕事をやっていない証拠なのだ。

はじめに　あなたの職場はなぜ「たるんでいる」のか？
——堀田創

いきなり不躾（ぶしつけ）な書き出しで驚かせてしまい、たいへん失礼しました。

私はこの本の著者の堀田創（はじめ）といいます。ニューラルネットワークなどを中心とした人工知能（ＡＩ）研究で博士号を取得したあと、いくつかの会社を起業・売却し、「シナモンＡＩ」というスタートアップを立ち上げた起業家です。

いまは同社の技術責任者として、マレーシアを拠点としながら、東南アジア諸国のトップクラスの理系大学院を卒業したＡＩエンジニアたちと働く日々を送っています。

つまり、何を隠そう、私自身も1人のリーダーです。

そして、「リーダー自身がたるんでいるから、チームがたるむ」というのは、ほかでもなく私自身に向けた戒めなのです。

かつての私はリーダーシップというものに、さほど関心を払っていませんでした。

もともと研究者出身で、マネジメントの経験が豊富だったわけではありませんが、中学生のころからプログラミングやテクノロジーに没頭してきたため、エンジニアたちの心性をよく理解できているという自負があったのです。

ある程度チャレンジングな仕事も任せつつ、しかるべき報酬で応えていけば、彼らは必ず満足してついてきてくれるはずだという肌感覚を持っていました。

実際、部下のエンジニアが30人くらいだったときまでは、それなりにチームはうまく回っていたように思います。

異変に気づいたのは、ある年の夏のことでした。

時代の後押しを受けて次々と舞い込む開発案件に応えるべく、私たちが経営するシナモンＡＩは現地採用のエンジニア数を一気に１５０人くらいに増やしました。

そのときに顕在化したのが、まさに「チーム内の熱量差」です。

しばらくすると、社内の重要な仕事を担っていたキーメンバーの半数以上が「辞めたい」「転職することにした」と言い出しました。

さらに、人事担当者からは「現場のモチベーションが下がっている」というレビューが次々と上がりはじめたのです。

しかも、それは一時的・局所的なものではありませんでした。

そう、熱量差の問題は、一気にチームを蝕んでいきます。

大慌てでハノイオフィスの手当てをしていると、今度はホーチミンの拠点でどんどん人が辞めていく——そんなことが立て続けに起きました。


当時のことを思い出すと、いまでも首の後ろがヒヤッとするような、イヤな感覚に襲われます。

あのとき私は、リーダーとしての自分がどれほど無力だったかを痛感しました。

「自分はリーダーとしてもまずまずやっていけている」というのは単なる錯覚で、本当は誰もついてきてなどいなかったのです。

トップ起業家らも通う「リーダーの学校」

「いったいどうすれば、メンバーのモチベーションを高められるんだろう?」

「どうしてやる気のないメンバーが生まれてしまうんだろう?」

「なぜ彼らは〝たるんで〟いるんだろう?」


そんな悩みを抱えていたときに巡り合ったのが、本書の共著者である李英俊(リヨンジュン)さんでした。

李さんは外資系の戦略コンサルタントとしてキャリアを開始し、インキュベーター企業や事業再生ファームで新規事業開発や人材開発の責任者を歴任してきた「リーダーシップ開発のプロフェッショナル」です。現在は、マインドセット株式会社の代表としてマネジメント・経営人材の育成に注力されており、李さんの指導を受けている方は、年間1万人以上にも上ります。

李さんの主宰する「Mindset コーチングスクール」には、若手起業家たちや大企業の次世代リーダーらが多数参加していました。OB／OGのなかには有名な経営者もたくさんいます。

藁にもすがる思いでこのプログラムに飛び込んだ私は、李さんはもちろん、受講者仲間たちからも、ものすごい刺激を受けることができました。

何よりも感動したのは、李さんの理論が徹底的に認知科学の成果を踏まえていたことです。

認知科学（Cognitive Science）とは、ごく簡単に言えば、人間（やその他の生体）の「ものの見方」に関する研究分野で、20世紀の半ば以降に生まれた比較的若い学問です。

この学問の特徴は、心理学・哲学・神経科学・言語学・人類学・教育学などにまたがる学際性で、なかでもその成立・発展にとって重要だったのが、私が研究者時代に専門としてきた情報科学や人工知能研究の知見でした。

だからこそ、「認知科学に基づいたリーダーシップ論」は、私にとっても大きな納得感があったのです。

「行動」ではなく「認知」を変える

人のパフォーマンスを高めたいとき、従来のリーダー論は人の「行動」を変えることを推奨します。

これは経営学などのリーダーシップ研究にも見られる傾向です。

「パフォーマンスの高いリーダー人材はこのような行動特性を持っている。だから、こうした行動を模倣すれば、優秀なリーダーになれる」というわけです。


しかし、それではリーダー自身もその部下も変わりません。

知識で説き伏せたり、データを押しつけたり、責任や報酬をちらつかせたり、叱ったり脅したり、褒めたり励ましたりすることで、しばらくは何か効果が出ることもあるでしょう。

しかし、こうやって無理に行動を変えたとしても、当人の認知が変わらないかぎり、必ず「元どおり」になるように人間の脳はできています。


むしろ大切なのは、ものの見方です。

認知科学的に言うなら「内部モデル」です。

その人の認知が変わりさえすれば、行動はおのずと変化します。

「親分肌」も「いい人キャラ」もいらない

私はガツンと頭を殴られたような衝撃を受けました。

「メンバーのモチベーションが足りていない」

「やる気のない部下が増えている」

「職場がたるんでいる」

そう考えていた私自身が、いかに本来やるべきことをやっていなかったかに気づかされたからです。

ここまでお読みいただければ、さきほどの「職場のたるみは、何よりもリーダー自身のたるみが原因である」というメッセージにどんな意味が込められていたかは、なんとなく理解していただけるかもしれません。

本書がこれからお伝えしていきたいメッセージは、「あなたはたるんでいる！　もっと気合いを入れなさい！」といった根性論とはまったく無縁です。

ですので、身がまえることなく、安心して読み進めていただければと思います。

リーダー仕事とは、メンバーたちの認知を変えることです。

彼らに見えている「景色」を変えることです。


それができていないとき、職場で働く人々のあいだには「熱量の差」が生まれます。

チームのパフォーマンスは低下し、創造性も失われていきます。

この期に及んでリーダーがやるべきことを怠れば、やがてチームは崩壊していくでしょう。


他方で、古典的なリーダー像や従来型のリーダー論に慣れ親しんでいる人には、この本の主張はかなり異質に感じられることでしょう。

それは取りも直さず、本書が伝えるリーダーシップが「行動」ではなく「認知」にアプローチするものだからです。しかし、そもそも人や組織を動かすうえで、人間の認知プロセスを無視することには、どう考えても無理があるのです。

その意味で、本書で語られるのは、人の脳の仕組みから本来的に帰結する「自然体のリーダーシップ」だと言えます。


実際、チームを動かすリーダーには、ボス猿的なカリスマ性はいりません。

いつのまにか周囲を自分の命令に従わせてしまうタイプの人はたしかに存在しますが、リーダーシップはそうした天賦の才とは別個のスキルです。

また、聖人君子のような善良さや、周囲を黙らせる冷酷さも不要です。

いちいち他人のモチベーションを上げようと「いい人」や「鬼上司」を演じることもないし、わざとらしく部下を褒めたり励ましたりする必要もありません。

本書はリーダーになるうえで本質的なたった1つのことを伝えていきます。

昨今流行っている「共感」だとか「マインドフルネス」だとか「心理的安全性」も、いったんカッコに入れましょう。本質さえ押さえていれば、こうした要素はおのずと実現されていきます。

チームが自然に生まれ変わった！

李さんのメソッドを自社に持ち帰った私は、およそ1年をかけて少しずつチームを立て直していきました。

その結果、危機を乗り越えたシナモンＡＩは、大きな成長を遂げました。職場の空気も一変しましたし、エンジニアの定着率などの問題も大きく改善されています。２０２１年には、全世界を対象とした「最も有望なＡＩ企業トップ１００」に選出されるほどの組織に生まれ変われたのです。[*1]

＊1　CB Insights. (2021). AI 100: The Artificial Intelligence Startups Redefining Industries. 2021-4-7.

しかし、何より大きく変わったのは、リーダーである私の目に映る「景色」でした。
「チームがたるんでいる」「モチベーションが下がっている」というのは、私の単なる思い込みでした。もし私がそんな認知にとらわれたままだったら、メンバー全員が高い熱量を持って動き続けるチームを実現することはできなかったでしょう。

私はこのプロセスを通じて、初めて「リーダーになれた」のだと感じています。

そう、たしかに以前の私はリーダーではありませんでした。たまたまリーダーの職位にあっただけで、その内実は「テクノロジーが好きな技術者」を脱しきれていなかったのです。

世の中には、以前の私と同じ壁にぶつかっているリーダーがたくさんいるはずです。

チームの規模は関係ありません。大企業の経営者でもベンチャー起業家でも、あるいは、中間管理職でもチームリーダーでも、向き合うべき課題の構造は同じです。

「部下のモチベーションが低い……」「チーム内の熱量にばらつきがある……」――そう悩みながら、彼らの行動を変えようと何か対策を打つものの、なかなか効果が出なくて絶望を味わっている人も少なくないでしょう。

もしそうなのだとすれば、リーダーになったばかりの私こそが、このリーダー論を広めるべきなのではないか。しかも、認知科学についてひととおり学んできた自分ならば、李さんの思想を構造化するお手伝いができるはずだ――。

これこそが、リーダーとしてもまだ道半ばであるＡＩ企業の経営者が、あえてリーダーシップの本を書こうと思い立った理由です。

本書を通じて、「本当のリーダー」への道を一歩踏み出す方が１人でも多く生まれることを願っています。

本当のリーダーがやるべきたった1つの仕事

さて、前置きが長くなりました。ここからは、李さんと私（堀田）の共同執筆パートになります（なお、「おわりに」は李さん単独のパートですので、気になる方はぜひそちらも先に読んでみてください）。

最後に、本書の構成について、ざっと触れておきたいと思います。

まず「**理論編**」である第1・2章では、いきなり本書の核心部分をお伝えします。ここで扱うのは「認知科学的に正しいリーダーシップの考え方」です。なぜ従来型のリーダーシップではうまくいかないのか？　「認知科学に基づいたリーダーシップ」とはどういうもので、なぜこれこそが本来的なリーダーシップだと言えるのか？　私たちの認知にはどういう仕組みがあり、どのような手続きを踏めばそれを味方につけられるのか？　それらを概観しながら、「本当のリーダーがやるべきたった１つの仕事」を浮き彫りにしていきます。

それに続く第3章以降は「**実践編**」であり、理論編で述べたリーダーシップを実装するための方法論が中心になります。まず前半では、リーダー自身がどのようにみずからの認知を変えていけばいいのか、そして、それをどのように他のメンバーに広げていけばいいかを解説します。これはいわば、ミクロレベルのリーダーシップと言えます。

さらに後半では、チーム・組織・企業を動かすための方法に視点を移し、そのための具体論をお伝えしていきます。こちらは、みなさんが「リーダーシップ」という言葉を聞いたときに連想する内容により近いのではないかと思います。

◇　◇　◇

では、さっそく、「認知科学的に正しいリーダーシップの考え方」を見ていきましょう。

「認知」という観点から見たとき、リーダーシップの核心とは何なのか――。

先取りするなら、それは「エフィカシー」という概念に集約されます。

あなたのチーム・組織は、そして、リーダーであるあなた自身は、「エフィカシーのパワー」を十分に活用できているでしょうか?

堀田 創

目次

チームが自然に生まれ変わる

——「らしさ」を極めるリーダーシップ

第1章　内側から人を動かす

第2章 エフィカシーの認知科学

第3章 リーダーはHave toを捨てよ

第4章 パーパスを「自分ごと化」する

「小さな理想」と「大きな欲望」を重ね合わせる 156

第5章 メンバー全員Want to

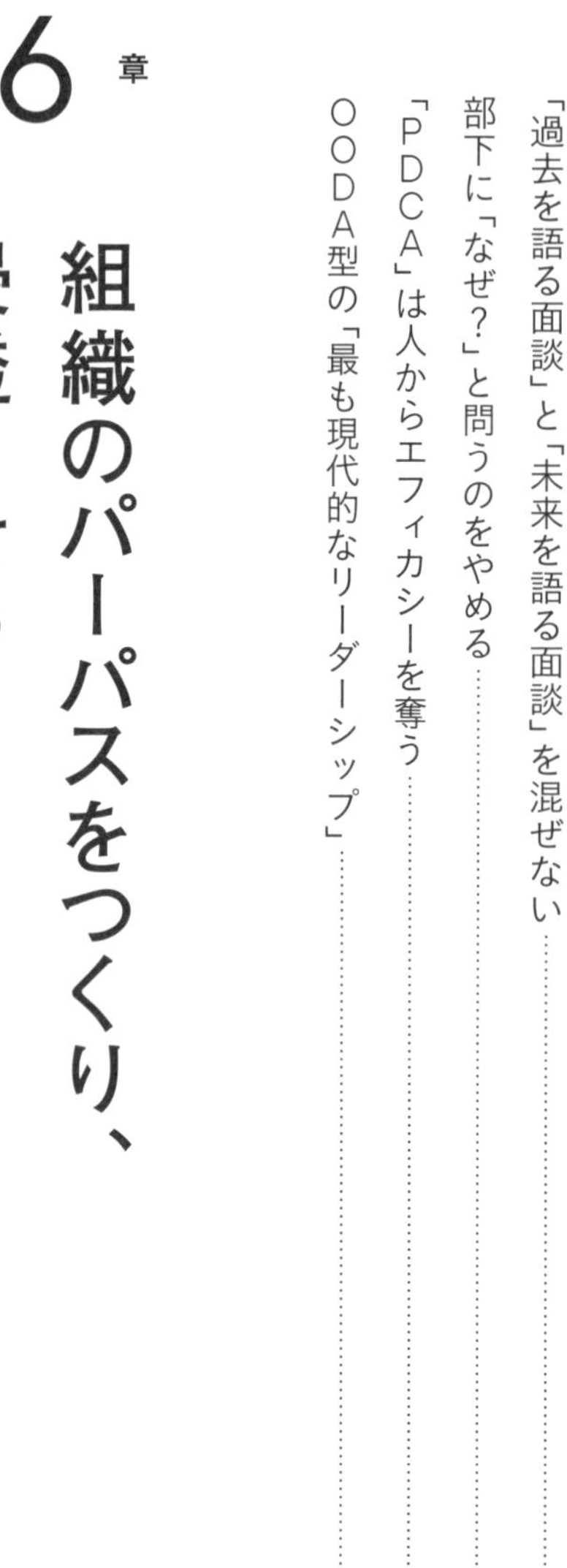

第6章 組織のパーパスをつくり、浸透させる

第1章

内側から人を動かす

リーダーを悩ませる「チーム内の熱量差」という問題

リーダーの立場になると、他人の仕事ぶりが気になってくるものだ。たとえば、部下の不満をあげはじめたら、キリがないという人もいるだろう。

その一方、パワハラや長時間労働といった職場の問題がクローズアップされるようになっている。また、人材の流動性もひと昔前に比べれば随分と高まっており、少しでも不満があれば、人はすぐに辞めてしまう。

部下のパフォーマンスや態度に問題があっても、その伝え方を誤れば、その人のパフォーマンスが下がったり、チーム内の関係性が悪化したりしかねない。そこに離職が続けば、窮地に陥るのはリーダーである自分自身だ。

だからこそ、メンバーになんらかの働きかけをするときには、かなりの気遣いや工夫が必要になる。ひとまず現状に甘んじて、何も言わずに我慢を重ねている人も少なくないはずだ。

リーダーを取り巻く環境が、ますます窮屈なものになってきているのは間違いないだろう。

「何もわかってない！」――リーダーが抱える想い

ここに追い打ちをかけたのが、外出自粛要請に端を発するリモートワークだ。自分がこれまでいかに空間的な近接に依存していたのかを、多くのリーダーが実感することになった。

「在宅ワークになった瞬間、これまで自分がリーダーとして何をしていたのか、さっぱりわからなくなってしまいました」――こんな話をよく耳にする。部下が目の届く場所にいなくなった瞬間、リーダーとしての自信が崩れ去ってしまったというわけだ。

ただ、世の中の状況がどうだろうと、リーダーの仕事がなくなるわけではない。売上目標を達成したり、業務を回したりすることがリーダーには求められる。

Zoomでしか顔を合わせないメンバーを、いったいどうすれば動かせるというのか。本当に彼らはやるべき仕事をやっているのか。そもそも彼らはいったい何を考えているのか。

状況がよくわからないうちに、また人が辞めていく……。そんな悪循環に心当たりがある人も多いのではないだろうか。

リーダーの悩みは募るばかりだ――。

だが、それはきわめて真っ当な悩みだとも言える。それらの大半は、「旧来のリーダーシップ」と「世界の環境変化」とのギャップから生まれたものだからだ。逆に、「ここ数年、自分のリーダーシップにさほど疑問を持ったことがない」という人のほうがかなり危うい。そのしわ寄せは、本人が気づかぬうちにチーム・組織を直撃しているだろう。

したがって本書は、いまの自分のリーダーシップに多かれ少なかれ課題感を持てている人に向けられている。「自分はリーダーとしてうまくやれている」と胸を張れる人は、この先を読み進めてもあまり得られるものがないように思う。

「モチベーション幻想」に縛られていないか？

「やる気が足りない」
「責任感が足りない」
「そもそも人が足りない」
「本音が見えない」

「本気が見えない」
「そもそも顔が見えない」

「言われたことしかやらない」
「言われたことをやらない」
「そもそも誰も何も言わない」

リーダーには本当にいろんな悩みがあり得る。本書冒頭でも示したとおり、これらの悩みの根幹は「**熱量差の問題**」にあると言えそうだ。

これを解決しようとするとき、ついわれわれは「どうやってモチベーションを高めればいいか」という発想にとらわれてしまう。つまり、「悩みのかたちは数あれど、メンバーのモチベーションさえ高ければ、たいていのことは解決する」というわけだ。

「はじめに」でも示唆したように、これは最も多くのリーダーがとらわれている幻想である。

まずはこの考え方を捨てることが、リーダーシップをとらえ直す第一歩になる。

たとえば東南アジア諸国では、一流大学を卒業した現地エリートであろうとも、ほとんどの人が定時にはあたりまえのように帰宅しようとする。決められた以上の仕事をしようとする人材はなかなかいない。

「せっかく優秀なのに……どうしてあんなにモチベーションが低いんでしょうね」

彼らの様子を見て、こんなことを言う人がいる。日本では、いまだにダラダラと時間外勤務をする人を「がんばっている」と見なす風潮があるからだろうか。

彼らは、会社が定めた時間に会社が定めた仕事をしているだけだ。それなのに、「モチベーション」というフィルターを通した途端、そこには「熱量差の問題」が存在するように見えてくる。

このようなギャップが実感されるのは、決して異文化間のことだけではない。

たとえば、スタートアップの創業メンバーのようなごく小さなチーム内であっても、「熱量差」が表面化することがある。もともとは熱い志を分かち合っていたはずなのに、事業が軌道に乗ってきたタイミングで、「もうそんなに無理をしなくてもいいんじゃないか」と言い出すメンバーが現れる。以前はいちばん情熱に溢れていたはずの人物が、突如として「モチベーション」を失うケースもある。

真面目なリーダーほど「やる気の低下」を気にする

また、周囲から期待されて1年前に入社し、「やる気」に満ちていた新人が、定例会議のZoom画面越しにくすんだ表情を浮かべている。ほとんど何も発言しない。パフォーマンスは求められるラインを超えてはいるが、要領よく仕事をこなそうとする態度が目立ってきた——。

そういうとき、われわれは「モチベーションが下がっている」という診断を下しがちだ。そして、「モチベーションを高めるためには、何をすればいいだろうか？」という発想に縛られてしまう。

たいていのリーダーは「部下のモチベーションを高めること」が自分の仕事だと考えている。だから、チーム内に大きな熱量差が生まれている場合、そこになんらかの対策を取ろうとするわけだ。

最近の仕事ぶりを褒めてみたり、「きっと結果を出せる」と励ましたりする人もいるだろう。あえて難しい課題を与えて、チャレンジ精神に火をつけるやり方もあるかもしれない。また、賞与・昇給・昇進などのアメをちらつかせたり、叱責・異動・減給などのムチで脅したりといった古典的なオプションも用意されている。

場合によっては、そんな人材をチームから切り離し、熱量の低さが周囲のメンバーに伝播しないようにすることもあるだろう。これはある種の「隔離策」であり、当人が熱量を取り戻すことについては断念するわけだ。

いずれの打ち手をとるにせよ、これらは一定の効果を発揮するはずだ。少なくとも表面的には部下の行動が変わり、チームのパフォーマンスが高まることもある。うまくいけば、その「がんばり」がチームの業績を大きく牽引することすらあるかもしれない。

だからこそ、ポジティブな仕方であれ、ネガティブな仕方であれ、メンバーに一定の外的刺激を与えて、その行動を変容させることこそがリーダーシップの本質だと盲信されてきた。職務を放棄している「事なかれリーダー」を除けば、真面目で優秀なリーダーほど、なんとかチーム内の熱量の差を乗り越えようと、モチベーションを高めるためのアクションを繰り返しているはずだ。

しかし、結論から言えば、こうしたやり方はもはやうまくいかなくなりつつある。それがなぜかについては、次節で語ることにしよう。

□あなたはリーダーとしてどんなところに「チームの課題」を感じているだろうか？
□あなたのチームには「熱量の差」があるだろうか？　あるとすれば、それはどんなところだろうか？
□最近、「モチベーションが低い」と感じた人物や言動、それに対して自分が感じたことを思い出してみよう。

優秀だったリーダーが「無能」になっていくメカニズム

外因的な働きかけに基づくリーダーシップは、もはや「悪手」となりつつある。考えられる理由は、大きく3つに分けられる。

① ハラスメント
② リモートワーク
③ VUCA

第一の理由はごく単純だ。外部から働きかけて(ある意味では強制的に)部下を動かそうとする手法は、今日では「ハラスメント」になるリスクを抱えている。

もちろん、すべてがそうだというわけではない。しかし、少なくとも「社会人としての義務」だとか「組織人としての責任感」などに訴えかけていく前時代的なやり方は、明らかに効力を失っている。たとえ本人のためを思ってであっても、あるいは、たとえ組織にとって「正しいこと」であっても、その種の〝べき論〟の押し売りを続けるならば、部下にはかなりネガティブな受け止め方をされる可能性が高い。パワハラ訴訟にまで発展するケースは稀かもしれないが、チームから人が離れていったり、組織全体の意欲低下が生じたりといったマイナス結果を招くだろう。

もはや「上司のプレッシャー」は効かない

第二に、外部からの働きかけによって「モチベーション」を高めようとするやり方は、先述した「空間的な近接」に依存していることが多い。

大半の外因的な働きかけが効果を発揮するのは、同じオフィスで毎日顔を合わせて、お互いの仕事ぶりや情緒をそれとなく把握しているようなチームにおいてこそなのだ。そのような条件が失われれば、その効力も低減する。

「上司がいつまでも残業をしており、部下たちもなんとなく帰りづらい」
「不機嫌そうな上司の顔色を窺って、部下たちも必死にがんばる」

「上司が資料を読み上げるだけの会議に、とりあえず出席しておく」

いまだに社内でこういう古典的な構図が見られることもあるかもしれない。これらはいずれも「空間的な近接」に頼ったマネジメントスタイルだ。

こういう手法に頼ってきたリーダーは、リモートワークに心理的な不安を覚える。部下が物理的に近くにいないと、外因的刺激のパワーが失われるからだ。「在宅勤務ＯＫになった途端、パフォーマンスが低下した」というチーム・組織は、リーダーが空間的な近接に依存していた可能性が高い。

程度の差こそあれ、今後、社会全体が「リモートでできる仕事はリモートで」という方向に行くことは間違いない。

だからこそ、**リーダー本人が不在であっても成果を出し続けるチーム**は、現代のリーダーシップにとって最も切実な課題の１つだ。

いまだに「部下が目の前にいてくれないと、チームを動かせない」などと言っているリーダーは、10年後にも同じ言い訳が通用すると思っているのだろうか。いまこそ、自身のリーダーシップを更新するチャンスであることを、いま一度認識しておこう。

「人の心を動かすもの」が変わった！

よりマクロな環境変化の視点から見たときにも、従来型のリーダーシップが行き詰まるのには納得がいく。第三のポイントとして取り上げたいのが、いわゆる「VUCA」だ。

ここであえて説明するまでもないかもしれないが、VUCA（ヴーカ）とは変動性（Volatility）、不確実性（Uncertainty）、複雑性（Complexity）、曖昧性（Ambiguity）の頭文字をつなげた造語で、いまの時代環境を端的に表す言葉だとされている。もちろん、これまでも世界は変わり続けてきた。しかし、現代においては、これまで以上に変化のスピードや方向性、さらには変化の主体やその内実についての見通しが立ちづらくなっている。

以前であれば、これは時代感覚に優れた人たちのあいだでもてはやされたキーワードにすぎなかったかもしれない。だが、新型コロナウイルスの世界的な大流行によって、もはや世の中の大半の人が「VUCAであるとはどういうことか」を体感してしまった。そうである以上、この動きはますます加速していくはずだ。

VUCAは当然、リーダーシップの文脈にも浸潤してくる。なぜならこれは、**個人の価値原理のシフト**を引き起こすからだ。

かつてであれば、多くの働き手はおおむね似たような価値観をもって仕事に向かっていた。たとえ

図1.1 行動を引き起こす「原理」のシフト

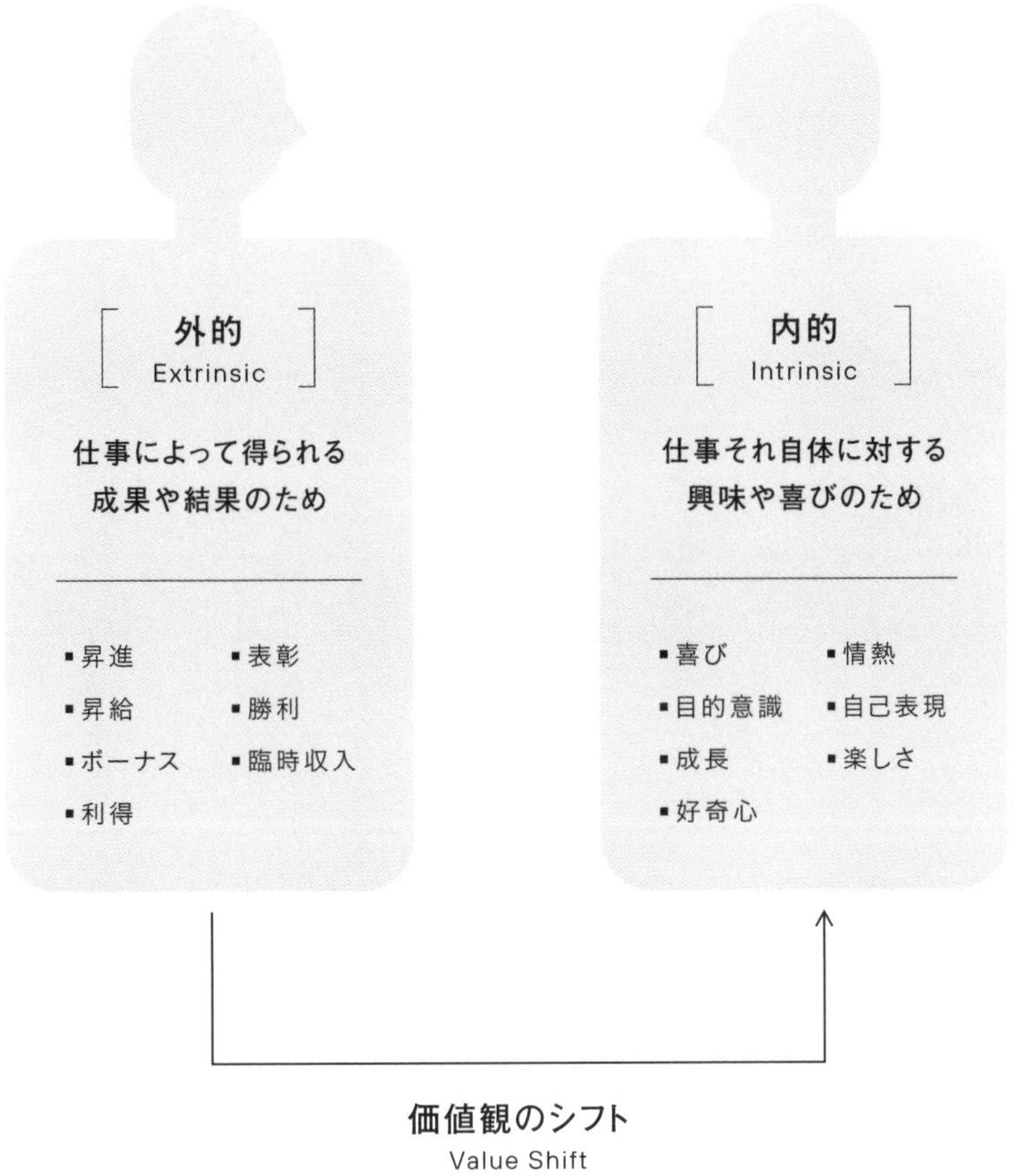

ば、みんながお金を上位価値に据えているチームであれば、昇給や賞与をちらつかせることで、チーム全体の「やる気」を高めることができた。また、新卒一括採用によって横並びの競争環境が用意されている組織では、同期よりも早く出世したり、より優れた業績をあげたりすることが、「モチベーション」の源泉として機能していただろう。

しかし、VUCAな世界ではそういうわけにはいかない。共通した価値観のベースが失われ、個人の「楽しさ」「成長」「好奇心」「情熱」「自己表現」に重きが置かれるようになる。

給料が上がることを伝えても、もはや誰もがやる気になるわけではない。もちろんお金を価値の中心に据えるメンバーもいるだろうが、そうではない個人もいる。他者から褒められることに何よりも喜びを見出す人もいるし、他人の評価などまったく気にしない人もいる。また、経営者が「業界ナンバー1を目指そう！」と暑苦しく語ったときに、そのメッセージがまったく響かない社員もいるだろう。こうなると、もはや「上司からの命令だから」と言われたくらいでは、全然動こうとしない人がいてもまったく不思議ではない。

これは決して「打っても響かない人材」が増えているということではない。むしろ単純に、人を動かす価値観の中心が「外的なもの」から「内的なもの」にシフトしているのが大きな要因なのだ。

これまでのような外因的なリーダーシップの下では、もはや人はスムーズに動けなくなっている。「なぜこのリーダーの言うことを聞かないといけないのか？」——部下たちからすれば、それがますますわからなくなっているのだ。そんな状況のなか、リーダーがこれまでどおり外的刺激に訴え続ければどうなるだろうか？　相当の反発や軋轢が生まれるはずだ。

したがって、これまで優秀なマネジャーとされてきた人ほど、突然、リーダーとしての足場を失っていく。「自分はメンバーから信頼されている」と自負していたのに、いつからか急速に人望を失ってしまう。何かメンバーの不信を買うようなことをしたわけでもないのに、チームから人が離れていく。そういうことがあちこちで起こりはじめている。

悩みを抱える組織のリーダーのなかには、この変化に気づいていない人がまだまだたくさんいる。彼らに必要なのは、外因的な刺激だけではもはや人は動かないという事実認識なのだ。

現代のリーダーは、いつまでもこのやり方に頼っているわけにはいかない。できるかぎり早く、「内因的な原理によって人を動かす方法」を理解し、それを実践していかねばならない。

「リーダーシップの更新」は、きわめて緊急性が高いタスクなのだ。

□あなたがメンバーを動かすときには、どんな方法をとっているだろうか？

□リモートワークや働き方改革は、あなたのリーダーシップスタイルにどんな影響を与えただろうか？

□外因的な働きかけがうまく機能しないと感じたエピソードを、1つ以上あげてみよう。

「内面から人を動かす」とはどういうことか

ここまでは、「熱量の低い部下に働きかける」タイプのリーダーシップが、ハラスメントやリモートワーク、ＶＵＣＡといった環境変化の結果、ある種の機能不全に陥っている可能性について語ってきた。しかし、ここで立ち止まってじっくりと考えてほしいのは、そもそも、従来型のリーダーシップがそこまで優れたものだったのかということだ。

部下のやる気は「火炙り」では高まらない

実際のところ、外因的な働きかけによって、チームに行動を促そうとするリーダーシップは、それ自体あまり効率的だとは言えない。

いくら部下のお尻を叩いても、なかなか生産性が上がらずに悩んでいるリーダーはたくさんいただろうし、部下たちもそんな職場でストレスを感じてきたはずだ。リーダーによる外的な働きかけには一時的な効果があったとしても、長期的には役立たない。チーム内の「熱量の差」はいつまでも解消されないままで、そのたびにリーダーたちは途方に暮れてきたというのが現実ではないだろうか。

「外部からの働きかけによって、チームの行動変容を生み出そうとする試み」は、重度の低体温症で苦しんでいる人を、使い捨てカイロや毛布だけで手当てしようとする行為に等しい。

深部体温が著しく低下しているときには、もちろん皮膚や末梢の温度も低下する。しかし、いくら身体の表面だけを温めても、根本的な問題は解決されないままだ。実際の医療現場では、そういうときには一定温度の点滴投与や血液透析を用いた体外循環が行われるのだという。要するに、身体を内側から温める治療法がとられるわけだ。

「どうすればモチベーションを高められるか」にとらわれているリーダーは、患者の「冷え切った手足」という表層を温めることばかりに気を取られて、正しい処置をとらない医者のようなものなのだ。

とはいえ、これまでのマネジメントの現場では、そのようなヤブ医者行為がまかり通ってきた。その代表的な対処法が「根性論」や「責任論」「べき論」の類だ。これは身体が冷え切った人に熱風を浴びせたり、サウナ室に閉じ込めたり、はたまた火炙りにしたりするのに近い。

とんでもない喩えなのは承知の上だが、さりとて多くの人の実感とさほどかけ離れてもいないはずだ。本人の胸の内側はすっかり冷え切っているのに、やる気がある〝かのように〟振る舞わねばならない——そんな空気やプレッシャーが蔓延している職場は、決して珍しくないだろう。

そもそも、「やる気」がないと行動を起こせないのは、当人の心のどこかに「やりたくない……」「自分にはやれない……」という気持ちがあるからではないだろうか。

そんな後ろ向きの気持ちを「モチベーション」というごまかしによって奮起させ、「やりたくないけど、やるべきこと」「やれなそうだけど、やらないといけないこと」を自分やメンバーに押しつけてきたのが、従来のリーダー論なのだ。

「絶対にこれを実現したい!」——「内側」から人を動かす原理①

ここからもわかるとおり、「外因的な働きかけ＝モチベーション」を中心としたリーダーシップは、もともとかなりの無理を抱えている。しかし、時代や環境といった条件のおかげで、そんな無茶なリーダーシップが〝機能できてしまっていた〟にすぎないのだ。

したがって、それらの条件が失われていくことは、リーダーにとってはチャンスですらある。「やる気」に頼ることなく、人間にとってより自然な「内因的な原理に基づくリーダーシップ」を取り入れる絶好のタイミングだからだ。

ところで、そもそも「内側から人を動かす」とはどういうことなのだろうか？

内側から人を動かす際の原理は、次の2点に集約される。

① **ゴール**
② **エフィカシー**

それぞれ順に見ていこう。

まず、人を動かす内的な刺激として、真っ先に思い浮かぶのは「楽しさ」とか「好奇心」「情熱」といったものである。たしかにこうした感情は、人の行動の原動力となり得る。

たとえば、楽器演奏に楽しみを感じている人は、他人から「楽器を弾きなさい」と強制されたり、それに対する報酬を提示されたりしなくても、つまり、外的な刺激が与えられなくても、自発的に楽器を弾くという行動を取ることができる。

海外ドラマに夢中になる人も、視聴をやめると罰を受けるわけではないし、そこに何か実利を期待しているわけでもない。その人の内側にある好奇心がドライバーとなって、動画視聴という行動が引き起こされているわけだ。

とはいえ、リーダーシップの文脈に置いてみた場合、「楽しさ」「好奇心」「情熱」といった感情だけに頼るのには無理がある。感情というのはその場かぎりのものになりがちで、持続性や一貫性に欠けるからだ。その時々で浮かんでくる想いは、たしかに行動のドライバーにはなり得るが、継続的にチーム・組織を動かす原理としてはあまりにも心許ない。

だからこそ、人を持続的に動かすときには、ある種の目的ないし目標、「**ゴール**」が必要になる。人がなんらかの目標を持ち、「なんとしてもこれを実現したい！」「絶対にあれを達成するんだ！」という思いが生まれたときには、その人は外的な刺激を必要とすることなく、主体的に行動をとることができる。

したがって、内因的な原理に基づいたリーダーシップの第一のポイントは、そうした「ゴール」のデザインということになる。「何を目的にするのか」を見誤ると、持続的に行動を生み出す動力は生まれなくなってしまう。これをどのように設定していくべきかについては、第2章以降でじっくり語っていくとしよう。

「やれる気しかしない！」——「内側」から人を動かす原理②

さらにここで強調しておきたいのは、2つめの核心「**エフィカシー**」だ。

エフィカシー（Efficacy）とは、「効力」とか「効能」を示す英単語だが、本書ではあえてセルフ・エフィカシー（Self-efficacy）、つまり「自己効力感」の意味合いに限定していることに注意してほしい。

自己効力感とは「一定の行為・ゴールの達成能力に対する自己評価」であり、「自分はそれを達成できるという信念」である。もう少し砕けた言い方をするなら、「やれる気がする／やれる気しかしない」

といった手応えのようなものだと考えてもらっていい。

まず押さえておきたいのは、「エフィカシー」と「やる気（モチベーション）」は似て非なるものだということだ。Xという行為にエフィカシーを抱いている人は、「自分はXを実現できる」という信念を持っている。

これは決して「（できるかどうかわからないが）自分はXをできる。なぜなら……」という自分への説得ではない。また、「（できるかどうかわからないが）自分はXをやってみせるぞ！」といった決意などとも違う。「自分はXをできる気がする／できる気しかしない！」というシンプルな自信であり、それ以上でもそれ以下でもないのだ。

エフィカシーは決して特殊なものではない。われわれ誰もが日常的に抱いている認知だ。

たとえば、「明日の朝、あなたは歯を磨くことができるか？」と問われれば、ほとんどの人は「できる。できる気しかしない」と答えるだろう。これは、「明朝の歯磨き」というゴールに対して、あなたが十分なエフィカシーを持っている証拠だ。同様に、オフィス業務のシーンであっても、「コピーをとる」とか「メールを出す」といった単純な作業について、多くの人は一定のエフィカシーを持っているはずだ。つまり、そうしたタスクを「自分はできる」と信じている。

ゴールに向かって人が行動を起こすときには、エフィカシーが大きなカギを握っている。

図1.2　内面から人を動かすための2つの原理

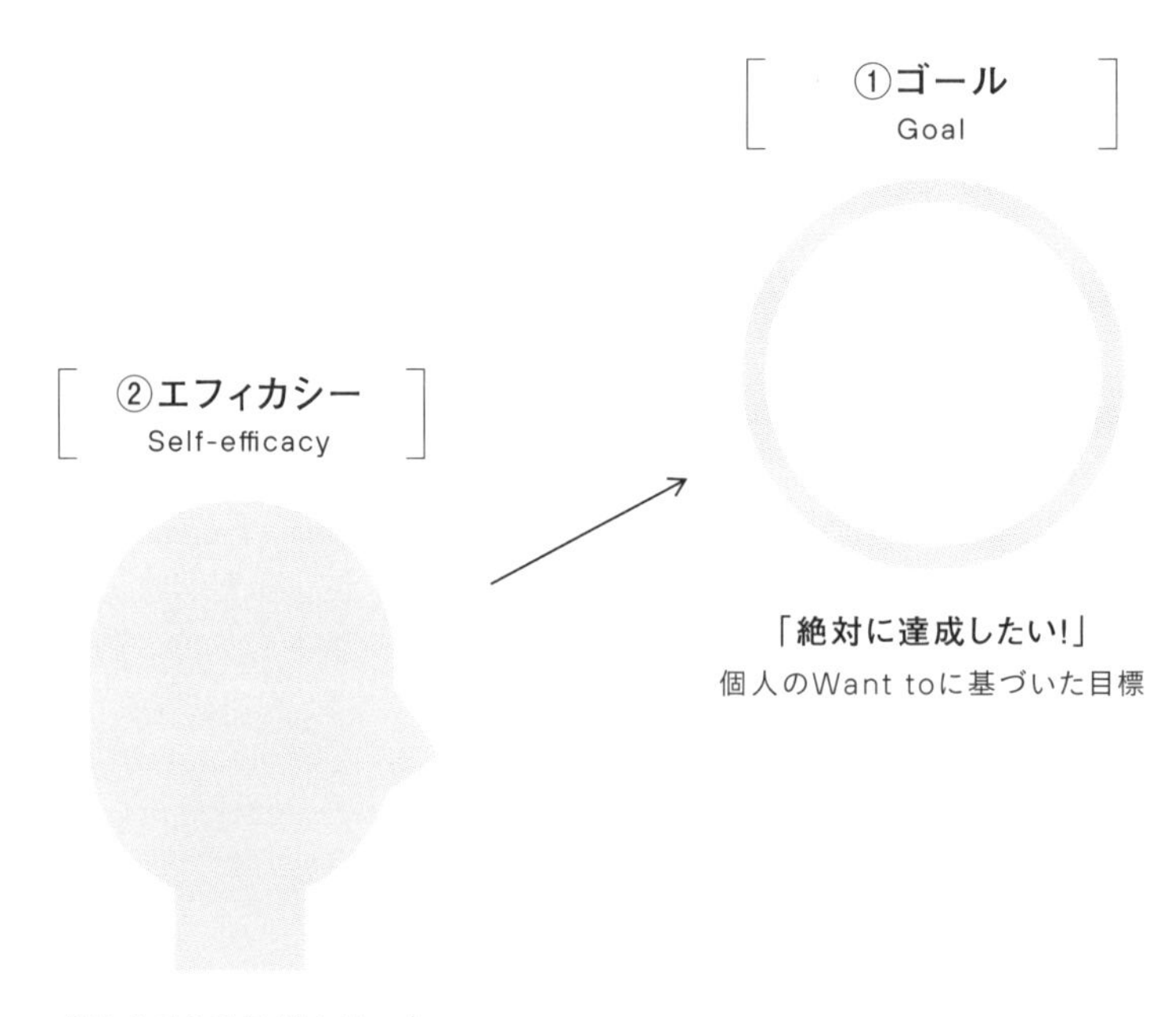

この2つの条件が満たされれば、

外因的な働きかけがなくても、人はみずから動きはじめる

たとえば、ゴールに対するエフィカシーが低いとき、すなわち、「自分がそれを実現できる」という確信が十分ではなく、心のどこかで「やれないかもしれない……」「やりたくない……」と思っているときには、ゴールはそれ自体、行動の内的原理として十分に機能しない。

そういう場合、ゴールを達成した際の「報酬」だとか、達成できなかったときの「損失・罰」だとかいった外因的な刺激がないと、人は達成に向けて動き続けることができない。場合によっては、いくらそうやって外から「熱」を注入しても、どこかで息切れしてしまうケースも少なくないだろう。

逆に、そのゴールに対して十分なエフィカシーを感じているとき、つまり、「これなら自分にできそうだ」という認知を抱いているとき、人はスムーズに行動を起こすことができる。そのとき、リーダーからの働きかけは必須ではない。ゴールそれ自体が、行動を内側からドライブしてくれるからだ。「やれる気しかしない。だから、やる」——それだけのことである。

□あなた自身が「外因的な働きかけ」を受けたときのエピソードを思い出してみよう。
□あなたは最近、「内因的な原理」に基づいてどんな行動をとっただろうか？
□あなたはどんなことにエフィカシーを感じているだろうか？　思いつくだけ列挙しよう。

最高のチームは「圧倒的エフィカシー」から生まれる

内的原理に基づいて人を動かしていくときには、「①正しいゴールを設定する」と同時に、「②それに対する十分なエフィカシーを確保する」ことが必要になる。これこそが「内因的な原理に基づくリーダーシップ」の基本的なモデルだ。

実際、リーダーが一見〝何もしていない〟ように思えるのに、次々と自発的なアクションやイノベーションがなぜか生まれてくるチーム・組織は、この2点のデザインに成功している。

「自分(たち)はこのゴールを達成したい。そして、実際に達成できる気がする」という認知をチーム内にデザインできてさえいれば、人は喜んで動きはじめる。リーダーがいちいち発破をかけたり、ノルマや進捗を管理したりする必要もない。気を遣って部下におべんちゃらを言ったり、昇進・昇給を匂わせたりもしなくていい。

もはや外部からの刺激は不要であり、それぞれのメンバーは、みずからの内面にあるエフィカシーという「熱源」を原動力にして、目的に向かって行動をとり続けるのである。正しいゴールに対して「チームのエフィカシー」をデザインできれば、それまでたるんでいたチームの雰囲気はがらりと変わり、全員で目標達成に向かって動き出す状況をつくれるだろう。本書の狙いは、まさにこのための具体的な手法を伝えることだ。

「できる手応え」と「できる能力」は別問題

ただ、ここで改めて強調しておきたいのは、エフィカシーはあくまでも「認知」でしかないということだ。つまり、問われているのはあくまでも「その人が『自分にはできる』と信じているかどうか」であり、「その人が実際にできる（能力がある）かどうか」ではない。

したがって、極端な話をすれば、個人のエフィカシーにとって、エビデンスは必要条件ではない。少々乱暴な言い方をするならば、エフィカシーには「根拠のない自信」とも呼ぶべき側面があるのだ。

たとえば、「自分は毎年1億円の売上実績を出してきた。だから、今年も1億円を稼げる気がする」と考える人もいれば、「自分はこれまで何も仕事をしていないニートだったが、1億円くらいすぐに稼ぐことができる。できる気しかしない」と言ってのける起業家もいる。どちらもエフィカシーが十分に高いので、誰からも強制されなくとも、その達成に向けたアクションをあたりまえのように開始するはずだ。

そう聞くと、「できる気しかしない」という認知が、何かクレイジーなものに思えてくる人もいるだろう。なるほど、たしかにクレイジーかもしれない。「できるかどうかわからないこと」について、「自分にはできる。できる気しかしない」と考えるなんて無謀極まりない。果たして、そんな認知がリーダーシップの原理になり得るのだろうか?

「根拠なき自信」の持ち方は、認知科学が教えてくれる

しかし、よく考えてみてほしい。この世界の大半は、そうした「根拠のない自信」から生まれたものので成り立っている。

いま、誰もがスマートフォンを持っているのは、「誰もが iPhone というデバイスを持っている世界を実現できる。できる気しかしない」という現実離れした確信を持った人物がいたからだ。人が月に行くことができたのは、「人間は月に行ける。行ける気しかしない」という途方もない認知を持った集団が過去にいたからだ。革新的な発明や偉業につながる壮大な目標、いわゆる「**ムーンショット**(Moonshot)」の背後には、必ずなんらかの根拠なき自信がある。

このように、「達成が不確実なゴール」に対してエフィカシーを抱くことは、人間にとって決して不可能なことではない。起業家というのはその典型だろう。そうである以上、スタートアップ企業はその本質上、異常に高いエフィカシーの産物だと言えるだろう。

また、これは決して突飛なことでもない。実際のところ、リーダーが叱咤激励をしなくても、メンバーが自然と動き回れる強靭なチーム・組織においては、高いエフィカシーが実現している。競合する組織が「それはさすがにムリじゃないですか……」と尻込みするようなゴールに対して、彼らは「自分たちにはやれる気がする／やれる気しかしない」という認知を形成できているわけだ。

問題は「そのような認知がいったいどのようにして可能なのか？」ということだ。これに対して大きな手がかりを与えてくれるのが、人の「ものの見方」に関する研究、いわゆる「認知科学（Cognitive Science）」である。

そこで次章では、「認知科学の基本的な考え方」について手短に解説したうえで、どうすれば人・組織のエフィカシー水準を高められるのかについて見ていくことにしたい。

このメカニズムがわかると、なぜ従来のリーダー論が効果を発揮できないのかについても、見通しがきくようになるはずだ。

途中、リーダーシップの文脈から大きく離れるように思える箇所もあるかもしれないが、最後にはきちんとスタート地点に戻ってくるので、安心して読み進めてほしい。

□リーダーであるあなた自身はどんな「ゴール」を持っているだろうか？
□そのゴールに対して「エフィカシー」を抱いているだろうか？
□あなた自身の「ゴール」や「エフィカシー」は、チーム内のメンバーにどんな影響を与えているだろうか？

第2章

エフィカシーの
認知科学

認知科学的に考える

――リーダーのための「心のしくみ」入門

認知科学は1950年代に生まれた比較的新しい学問パラダイムだ。その大きな特徴は学際性であり、心理学・哲学・神経科学・言語学・人類学・教育学・人工知能研究などがそれぞれの関心のもとに研究を展開している。

そのため、対象分野やアプローチも、研究者によってじつにさまざまなのだが、共通の問題関心がまったく存在しないというわけではない。米国の認知科学会（Cognitive Science Society）によれば、この学問が目指しているのは「人間の心の性質を理解すること（understanding the nature of the human mind）」だという。非常にシンプルかつ明快な定義ではないだろうか。

人間の心が「コンピュータ」だとしたら？——計算論的アプローチ

とはいえ、これだけだとやや漠然としすぎているので、日本認知科学会ウェブページにある定義、すなわち、「情報処理という観点から、生体（特に人）の知の働きや性質を理解する学問」という説明をここでは参照していくことにしよう。

この定義のカギとなるのが「情報処理という観点から」という部分だ。認知科学は、人間の心をある種の計算メカニズムを持った「**情報処理システム**」だと見なす。

われわれにとって最も身近な情報処理システムは「コンピュータ」だろう。コンピュータはなんらかのインプットがあった際に、それに一定の処理を施して、その計算結果をアウトプットするようにつくられている。

さまざまな学問領域が入り乱れる認知科学においても、人間の心をそのような「計算機（Computer）」としてとらえる見解では、ほぼ一致しているのである。これを「**計算論的アプローチ**（Computational Approach）」という。

もう少しわかりやすく解説しておこう。まず、コンピュータがやっている情報処理についてだ。

次ページの表の左列のような入力（外部刺激）に対して、右列のような出力（行動）があったとしよう。「5」という刺激があったら、「10」という行動が生じている。では4行めの左列に「5」を入力すると、

外部刺激（入力）		行動（出力）
5	→	10
8	→	26
3	→	32
5	→	?

どんな出力があるだろうか？　両者の対応関係だけに目を向けるなら、ここで「10」と答えたくなるかもしれない。しかし、実際に返ってきた出力は「42」だった。これはどうしたことだろうか？

話はごく単純で、出力である右列には「1つ前の行動＋外部刺激×2」という「関数」が埋め込まれているのである。つまり、4行めの入力「5」に対して「42」が出力される背景には「32＋5×2」という計算プロセスがある。コンピュータにおける情報処理は、この入力と出力のあいだにある関数のような一定のルールに従って行われている。

認知科学では、人間の心もこれに似た（しかしこれよりもはるかに複雑で入り組んだ）情報処理をしていると考える。

ある人がおいしそうなケーキをお店で発見し、それを購入したとしよう。このとき、インプットされたのは「おいしそうなケーキ」という視覚的刺激であり、アウトプットされるのは「ケーキを購入する」という行動である。

その中間プロセスにおいては、「食べたときの幸福感をシミュレーションする計算」「太ってしまうリスクの計算」「コストの計算」

……などなど、いくつもの情報処理が行われているはずだ。それがどんなプロセスであったにせよ、最終的に出力された計算結果は「購入」という行動だった――認知科学はこう考えるわけである。

「心」を無視していないか?――行動主義へのアンチテーゼ

しかし、なぜわざわざそんなまわりくどい考え方をするのだろうか? この点を理解するには、認知科学の背景となる「**行動主義**（Behaviorism）」というアプローチを踏まえておく必要がある。

アメリカの心理学者ジョン・ワトソン博士が1913年に提唱した行動主義は、ごくシンプルに言えば、一定の「刺激」とそれに対する「反応」との関係だけで人間の行動をとらえようとする立場である。[*2]

たとえば、「おいしそうなケーキ」という刺激が目に飛び込んできたときに、それを「購入する」という反応が起きたとする。行動主義はその対応関係だけに目を向ける。その中間にある過程（＝心）はブラックボックスであり、分析の対象からは外してしまうわけだ。

ワトソンがあえて「入力と出力」だけに目を向けたのは、心理学を「科学」として成立させるには、従来の心理研究が前提としていた「心」のような主観的要素を排除する必要があると考えたからだっ

＊2　Watson, J. B. (1913). Psychology as the behaviorist views it. *Psychological review*, 20(2), 158.

た。実際、このアプローチは多くの研究者たちに幅広く受け入れられ、認知科学的な試みが顔を出しはじめる1950年代に入ってからも、依然として支配的な影響を持ち続けていた。

そうした状況のなか、「刺激と反応」による説明だけに満足せず、行動主義に異を唱える立場として生まれたのが、認知科学的なアプローチだ。だからこそ、この学問の関心は、行動主義が捨象してきたもの、つまり、入力と出力とのあいだにある「心」という情報処理システムに向けられている。

認知科学的なアプローチが成立するうえで、最も大きなきっかけを提供したのが、情報科学の発展だ。とくにその端緒となったのが、アラン・チューリングが1936年に提唱した仮想的な計算機「**チューリング・マシン**」である。

彼はごく単純なモデルをベースにして、人間の行う計算プロセスが機械によって再現できることを理論的に証明してしまった。その後、今日のコンピュータの基本原理を設計した天才ジョン・フォン・ノイマンや、情報という曖昧なものを統一的に扱うための情報理論の枠組みを考えたクロード・シャノンなどの活躍によって、情報科学の基礎づけが進んでいった。

そのなかで生まれたのが「コンピュータによる情報処理と、人間の心がやっていることのあいだには、ある種のアナロジーが成立する」という発想だ。

「情報処理システムとしての心」という見方は、これまで探究の範囲外に置かれてきた「心」というブラックボックスに近づくための足がかりとなった。こうして、入力と出力のあいだにある「情報処理システム」の正体を解明しようという動きが、各分野で一気に進んでいったのである。

図2.1　行動主義と認知科学

行動主義
Behaviorism

外部刺激 → 反応

入力と出力の関係性だけに目を向け、その中間プロセスは対象としない

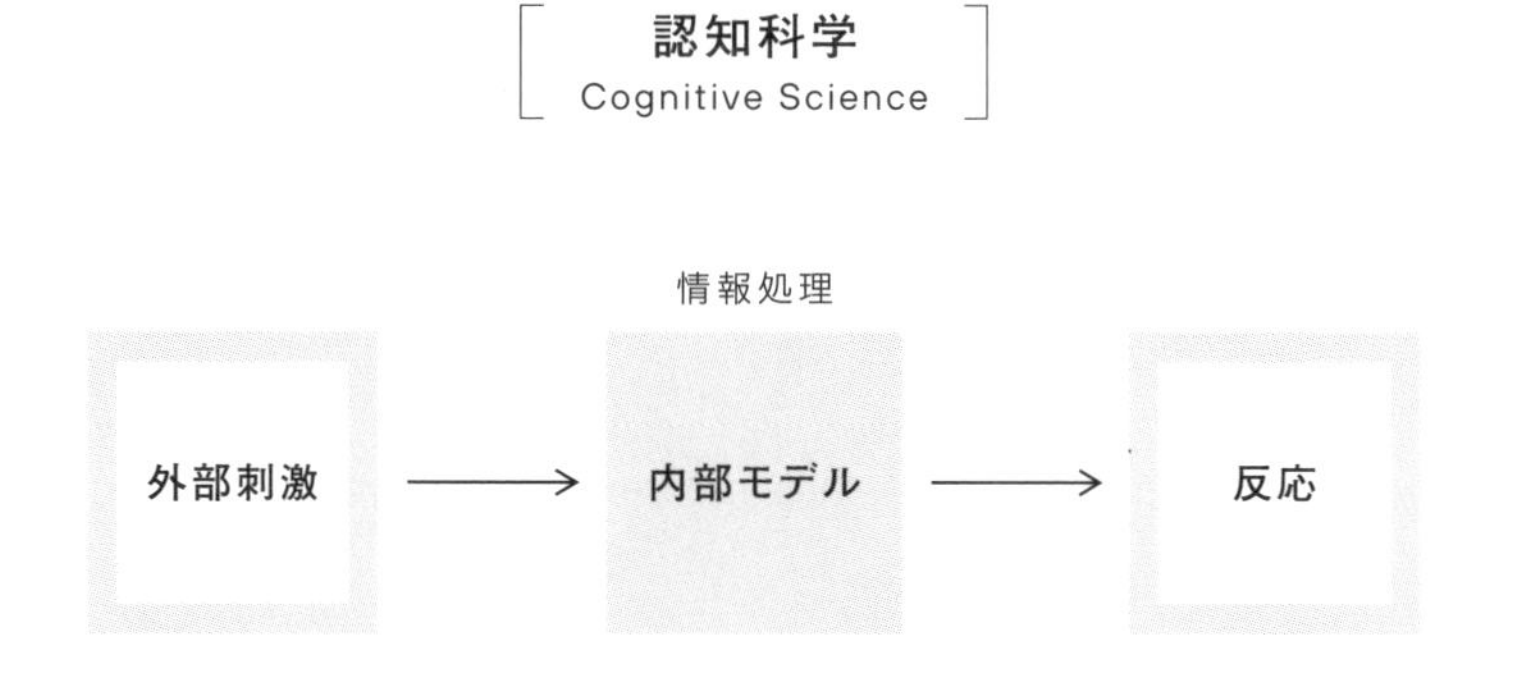

入力と出力とのあいだにある「情報処理プロセス」に注目する

部下の行動にはどんな「ものの見方」が隠れているか

ただし、「情報処理システムの正体を解明する」といっても、やはり心がブラックボックスである状況に変わりはない。脳をいくら解剖してみたところで、そこに「システムの部品」が物理的に見つかるわけでもない。だとすれば、認知科学は「何」を取り扱おうとしているのだろうか？

ここに、認知科学パラダイムのもう1つの特徴がある。すなわち、認知科学は「**モデル**」の構築を目指す学問だということである。

認知科学研究の国内第一人者・安西祐一郎の言葉を借りるなら、モデルとは「特定の領域における研究対象について、説明の目的に照らして大事だと思われる特徴を表す概念とそれらの間の関係を、整合的に表した表現」である。[*3] もう少しシンプルに言えば、観察された事柄をうまく説明する枠組みといったところだろうか。これを見つけようとすることが、認知科学の基本姿勢なのだ。

そうした意味で、認知科学は仮説の「厳密な証明」を必要としない。より多くの現実と辻褄が合うモデルを提唱できれば、そこには意味があるとされるのだ。逆に、現実と矛盾するような点がそのモデルに多数見つかれば、そのモデルは更新・棄却されることになる。

この点をもう少しわかりやすくしておこう。たとえば、62ページのような表データが手元にあるとき、われわれは「『この背後にこんな関数がある』と仮定すると、入力と出力の辻褄が合う！」と考えたりする。これこそが現実と整合する「モデル」をつくるということだ。

また、「数週間にわたる日照り」という外部刺激に対して、「雨乞いの祈祷」という行動をとる人たちがいたとしよう。その場合、彼らのなかに「日照りは天の怒りだ。天をなだめれば雨が降る」という認知モデルがあると考えれば、彼らの行動をうまく説明できる。

認知科学者がやろうとしているのは、まさにこれに類したことなのだ。

□同じ「情報処理システム」である人間の心とコンピュータには、どんな「違い」があるか？
□あなたの「行動」とそれを引き起こした「外的刺激」の組み合わせを1つ考えてみよう。
□どんな「情報処理プロセス」があったと考えると、その行動を整合的に説明できるか？

＊3　安西祐一郎（2019）「認知研究にモデルはなぜ必要か?」『認知科学』26巻3号314～321頁

「内部モデル」を変えないと、人の行動は変わらない

外部刺激と行動とをつなぐ情報処理のモデルは、「内部モデル」「メンタルモデル」「内部表現」などと呼ばれる（本書では「内部モデル」という言葉を採用することにしよう）。

ごく簡単に言うなら、**内部モデル**とは「ものの見方」のことだ。認知科学がリーダーシップに与える最大の示唆は、内部モデルが変わると行動が変わるということである。

まず世界観を変えよう——認知科学がリーダー論に与える最大の示唆

「世界をどんなものとして見ているか」が人によって違うからこそ、同じリーダーの下で同じ仕事

をしているメンバー間でも、その行動は千差万別となる。

たとえば、同じ上司から「今月中にあと10件の見込み客(リード)を獲得しましょう」と言われたときに、すぐにアクションを起こせる人とそうでない人がいる。これも内部モデルの違いで説明できる。

「リード獲得なんて楽勝だ。その気になればあと30件はいける」という内部モデルを持っているAさんは、この刺激が与えられたときに、当然のように行動を開始する。他方、「リード獲得はしんどい。あと3件とれればいいほうだな……」という内部モデルを持つBさんは、どうしても動く気になれない。サボっていると叱られるので、一応やっているようなフリをするものの、どうしてもその姿勢には熱量が感じられない。

ここで重要なのは、Bさんのパフォーマンスが低くなるのは、彼に「やる気がない」からではないということだ。彼の行動は、その内部モデルから必然的に出力されているにすぎない。

こんなとき、リーダーとしてやるべきことは何だろうか?

そう、Bさんの内部モデルを書き換えればいいのだ。彼がAさんと同じように「見込み客の獲得なんて楽勝」という認知を持つようになれば、Bさんの行動は自然に変わる。さらに、メンバー全員の内部モデルが「リード獲得＝楽勝」に書き換われば、リーダーが何もしなくても自然と動き続けるチームに生まれ変わることができる。

「やる気が出ない部下」の脳内で起きていること

ここで、第1章で見てきた「外因的な働きかけ」に頼るリーダーシップを、認知科学の枠組みに落とし込んでみよう。「行動＝外部刺激に対する内部モデルの処理結果」である以上、刺激を変えることで人の行動が変わる可能性は十分にある。たとえばBさんに「ここで目標を達成すれば、来期は君を課長に推薦するつもりだよ」と伝えてみたとしよう。もしBさんが「役職が上がることは望ましい」という内部モデルを持っていれば、彼はリード獲得に向けて猛然とがんばりはじめるだろう。

あるいは、「日報の提出をルール化する」という外部刺激を与えるのはどうだろうか。日報を出さなければ上司に叱られるかもしれない。もしBさんが怒られることを極度に避けたがるような内部モデルを持っていれば、やはり行動変容は起きるはずだ。

これこそが従来、「モチベーション」と呼ばれてきたものの正体だ。彼が行動するのは「やる気が高まったから」ではない。あくまでも一定の外部刺激を与えられた結果、彼の内部モデルから強制的にその行動が出力されているにすぎないのだ。

しかし、42ページで見たように、ＶＵＣＡの時代に入ってからは、個人ごとの内面的な価値へのシフトが進んでいる。これは言ってみれば、かつてはメンバー間でも似通っていた内部モデルが、バラバラに多様化したということだ。

以前であれば、「昇進」「報酬」「叱責」「激励」という外部刺激に対して、ほとんどの人が「がんばり」

をアウトプットしたかもしれない。それはみんなの内部モデルが同質的だったからだ。しかし、現代ではそういうわけにはいかない。Bさんの内部モデルが「役職なんていらない」「怒られても平気」「こんな会社、いつでも辞めてやる！」というものであれば、いくら昇進とか叱責といった刺激を与えても、行動は変わらないだろう。

また、そもそもVUCA環境においては、部下それぞれの内部モデルに合わせて、いちいち外部刺激を与え続けるようなやり方をしていては、もはやマネジャーの身体がもたない。

このように、認知科学的な観点から見ても、外因的な働きかけに頼るリーダーシップには無理がある。やはり人やチームを自然に生まれ変わらせるには、内部モデルの変容を迫るのがいちばんなのだ。

無意識のシステムだから「直接」には変えられない

とはいえここで問題になるのは、内部モデルはいわば無意識レベルで作動する計算プロセスであるという点だ。日照りのときに雨乞いをする人は、「天の怒り」という内部モデルを意識的に選択しているわけではない。日照りが続いていると気づいた瞬間に、思わず「あ、天が怒っている……」という認知を発動させてしまう。彼の心にそのような「ものの見方」がすでに備わっているからだ。

「もう10件の見込み客をとる」という目標に対して、必要なアクションを取れない人は、「リード獲得なんて楽」と「リード獲得はしんどい」という2つの内部モデルを比較検討したうえで、意図して後者を選んでいるわけではない。上司から指示を受けたときに「うわ、しんどいな……」「達成できなそうだな……」という認知がつい作動してしまうからこそ、どうしても積極的な行動が取れないのである。

「だったら、そういう甘えた考え方そのものを、根っこから叩き直せばいいんだ！」と言ってのけるのは簡単だ。しかし実際のところ、そんな根性論を掲げてみせるだけでは、人のものの見方は変わりようがない。

そもそも人間の内部モデルを変えることは、決して容易ではない。まずそれが無意識的な計算プロセスである以上、自分がどんな内部モデルに支配されているのかは当の本人にも自覚されない。また、自分の内部モデルを変えようと決意するにしても、その「決意」自体もやはり無意識の計算プロセスに依存する以上、根性だけでどうにかしようとするのは無理がある。いずれにせよ、内部モデルの変更をめぐってはより根深い問題があるので、これについてはのちほど詳述する（117ページ）。

「もっと自覚を持て！」ほどクソな助言はない

そもそも「外的刺激－内部モデル－行動」という枠組みのなかで、通常の意味での「意思」とか「意図」といったものをどう位置づけるかは、かなり微妙な問題だ。認知科学では、人間の認知活動の大半には、このような無意識的なプロセスが膨大に働いており、「意識的に変えられる範囲はきわめて限定されている」とされている。

それを示した象徴的な研究が「リベットの実験」である。カリフォルニア大学のベンジャミン・リベットは、人が指を動かそうとするときに発生する2つの部位の電気信号、すなわち「①〝動かそう〟と意図する働きを担う脳部位の電位」と「②指の筋肉を動かすように指令する運動神経の電位」とを比較した。[*4]

もし、一般的に理解されているように、われわれの心が「指を動かそう」という意思決定を下し、その結果として指が動いているのであれば、①の電位が計測されたあとに②の電位が現れるはずだ。

しかし、実際の結果は真逆だった。②の電位が生じてから遅れること0・35秒ほどのタイミングで①の信号が観察されたという。言い換えれば、われわれが「指を動かそう」という意思を抱くのは、脳が筋肉への指令を出し終えた〝あと〟のことだったというのだ。

この研究についてはさまざまな批判や指摘があるものの、実験結果の解釈をめぐっては多くの議論が生まれ、現在に至るまで大きな影響を持ち続けている。慶應義塾大学大学院の前野隆司はこうした知見も踏まえ、人の「意識」とは、心の中心にあってすべてをコントロールしているものではなくて、人の心の「無意識」の部分がやったことを、錯覚のように、あとで把握するための装置にすぎないとする**受動意識仮説**を提唱している。[*5] 言い変えれば、人間は内部モデルが行った無意識の計算処理に

＊4　Libet, B. (1985). Unconscious cerebral initiative and the role of conscious will in voluntary action. *Behavioral and brain sciences*, 8(4), 529-539.
＊5　前野隆司（2010）『脳はなぜ「心」を作ったのか――「私」の謎を解く受動意識仮説』ちくま文庫

図2.2　ベンジャミン・リベットの実験

一般的な理解

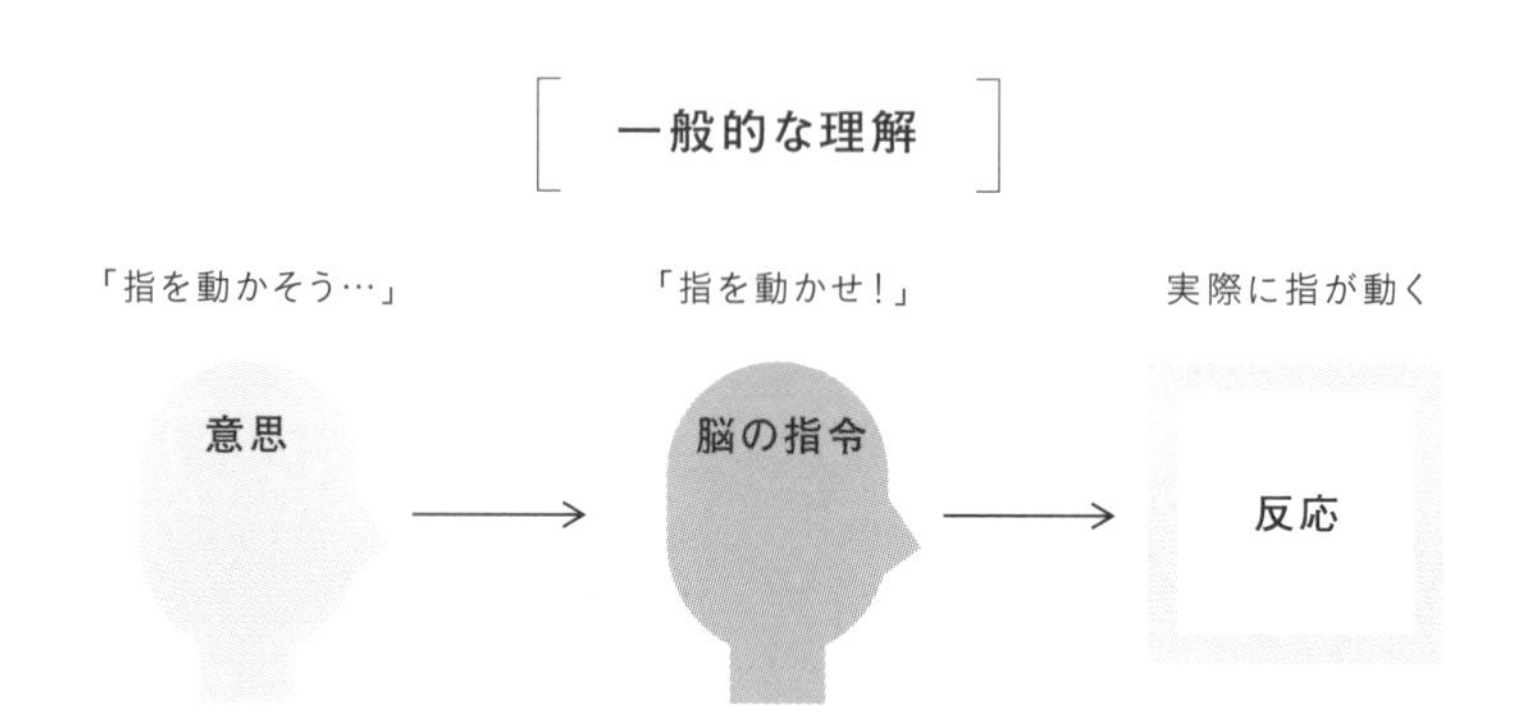

「まず"私の意識"が決めたあとに、脳が指令を出す」と考えられている

実験の結果

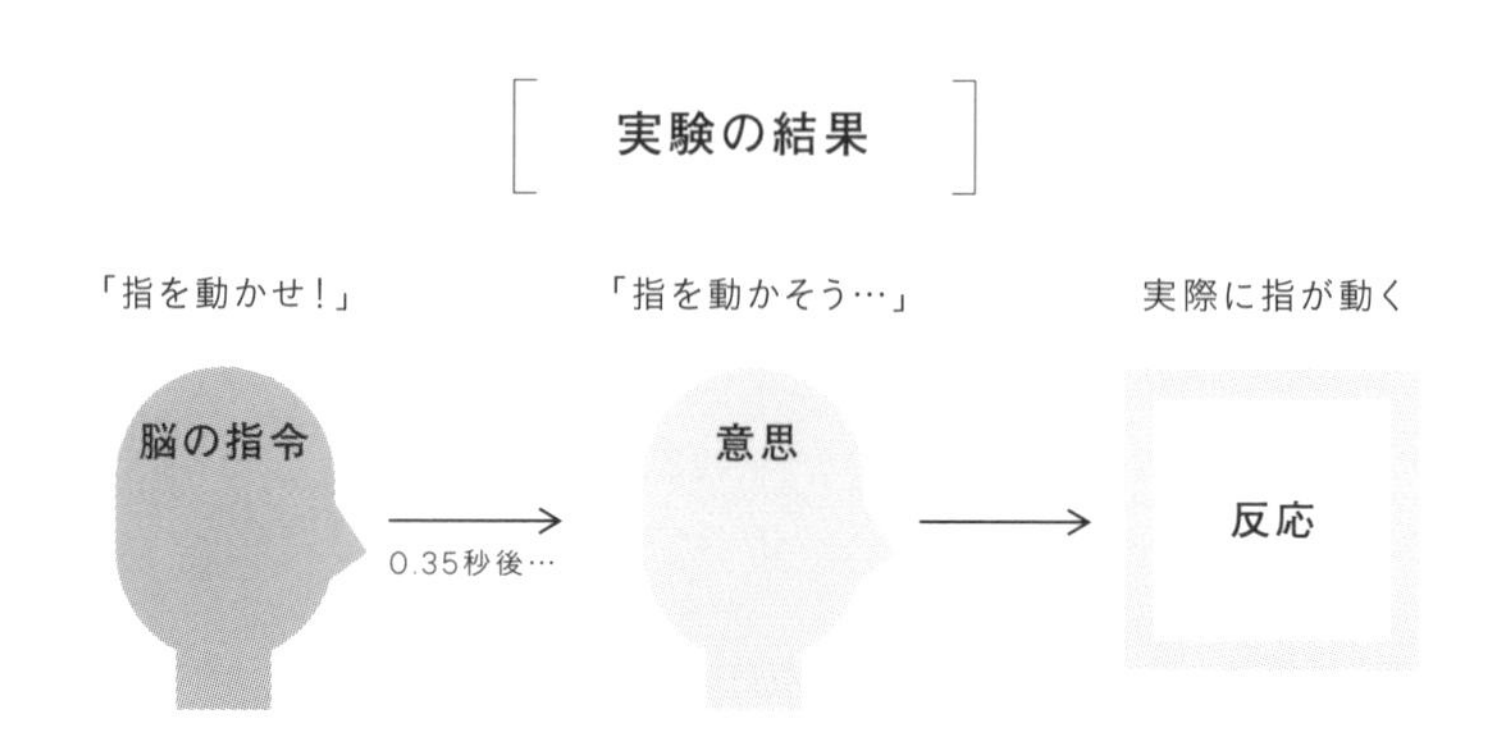

じつは「無意識レベルでの意思決定」が先行しているのではないか？

対して、あとから自分なりの理由づけをして、まるで自分の意思で決定を下したかのように感じているにすぎないというわけだ。

先ほどのBさんに「なぜ見込み客をあと10件獲得するための行動を起こさなかったのですか？」と質問すれば、「そもそも上司の指示に無理があったんです。ほかのみんなもどうせ達成できっこないですから、私もあえて本気を出さなかったんです」などと答えるかもしれない。

しかし、そのような意思決定は単なる幻だ。認知科学的に言えば、「行動を起こさない」と決めていたのは、彼の無意識ないし内部モデルのほうなのだから。

□「内部モデル」が人によって異なると実感したエピソードを1つ書き出してみよう。
□どうにも「やる気」が湧かずに、先延ばししがちな仕事を3つ書き出してみよう。
□その仕事になかなか手をつけられない要因として、あなたのなかにどんな「内部モデル」があると考えられるだろうか？

人と組織を進化させる「ゴール設定」2つの条件

リベットの実験や受動意識仮説を参照しなくても、内部モデルがいかに動かしがたいものであるかは示せる。というのも、そもそも内部モデルがなければ、われわれは「自分が見ている世界に対するリアリティ」を抱くことすらできないからだ。このことは、認知科学の最新分野の1つである「**プロジェクション・サイエンス**（Projection Science）」によっても示されている。

脳は「投影」に臨場感を抱く——「プロジェクション」の考え方

まず大前提として、人間は世界をまっすぐ認知しているわけではない。外部の情報は感覚器官（目とか耳とか鼻とか）を通じて受容されるが、われわれが認知するのはそれらの「生のデータ」そのものではない。むしろ、これまで自分の中にため込んできたルールや知識（＝内部モデル）と辻褄が合うように感覚刺激を加工し、外的世界についての「**表象**」を脳内に生み出すことで、われわれは世界を認知している。感覚器官がとらえたデータそれ自体は、人間には覆い隠されている。これは「暗黙化」と呼ばれることがある。

こうして生み出された表象は、心のなかにあるものでありながらも、自分の外側にある現実として認識される。言い換えれば、われわれは自分の脳がつくり出したものを「自分を取り巻く外的環境」として**投影**しているのだ（研究者の世界ではprojectionは「投射」という訳語があてられることが多いが、ここではわかりやすさを優先して「投影」と呼んでおこう）。[*6]

ここでVRゴーグルの映像を思い浮かべてほしい。プロジェクションの考え方に立つと、われわれがなぜVR（Virtual Reality）の世界に没入できるのかということも説明できる。

VR空間は実在しない世界だ。ゴーグルの内側のディスプレイに、一定の映像が表示されているにすぎない。にもかかわらず、このデバイスを装着するだけでまったく別の世界への没入体験を味わえるのは、われわれの脳がプロジェクションの能力を持っており、心の中の表象を自分の周囲に「投影」できるからにほかならない。

これがあてはまるのは、仮想現実の世界だけではない。われわれが現実として認知しているもので

＊6　鈴木宏昭（2019）「プロジェクション科学の目指すもの」『認知科学』26巻1号52～71頁

すら、基本的にはVR空間とほぼまったく同じメカニズムによって投影されたものである。われわれが夢やVR空間よりも「現実」のほうにより強い臨場感を抱くのは、われわれの内部モデルがそれと最も整合するように調整されてきたからにすぎない。

「もう『ピンチがチャンス』にしか見えない……!」

したがって、内部モデルが変わることとは、「これまでとは違う現実」に臨場感を抱くことに等しい。内部モデルの変更のためには、「現状(Status quo)の外側」にリアリティを感じるような、決定的な認知の転換が必要なのだ。文字どおり、「目に見える世界が変わる」のでなければならない。

やや抽象度の高い話が続いたので、具体例を考えてみよう。たとえば、あるマネジャーの下にいたきわめて優秀な部下たちが、相次いで転職を決めてしまったとしよう。この状況をどうとらえるかは、そのマネジャーの内部モデル次第だ。

これを「ピンチ」ととらえるか、「チャンス」ととらえるかはどちらも論理的には可能だが、内部モデルの情報処理は無意識的に働く。もし彼が「ヤバい、ピンチだ! 私のチームはもう終わりだ……」と感じたならば、もはやその認知から離れることは難しいだろう。

そう思い込んでいる人に「落ち着いてください。ピンチはチャンスですよ」といくら伝えたところ

図2.3 プロジェクション・サイエンスの考え方

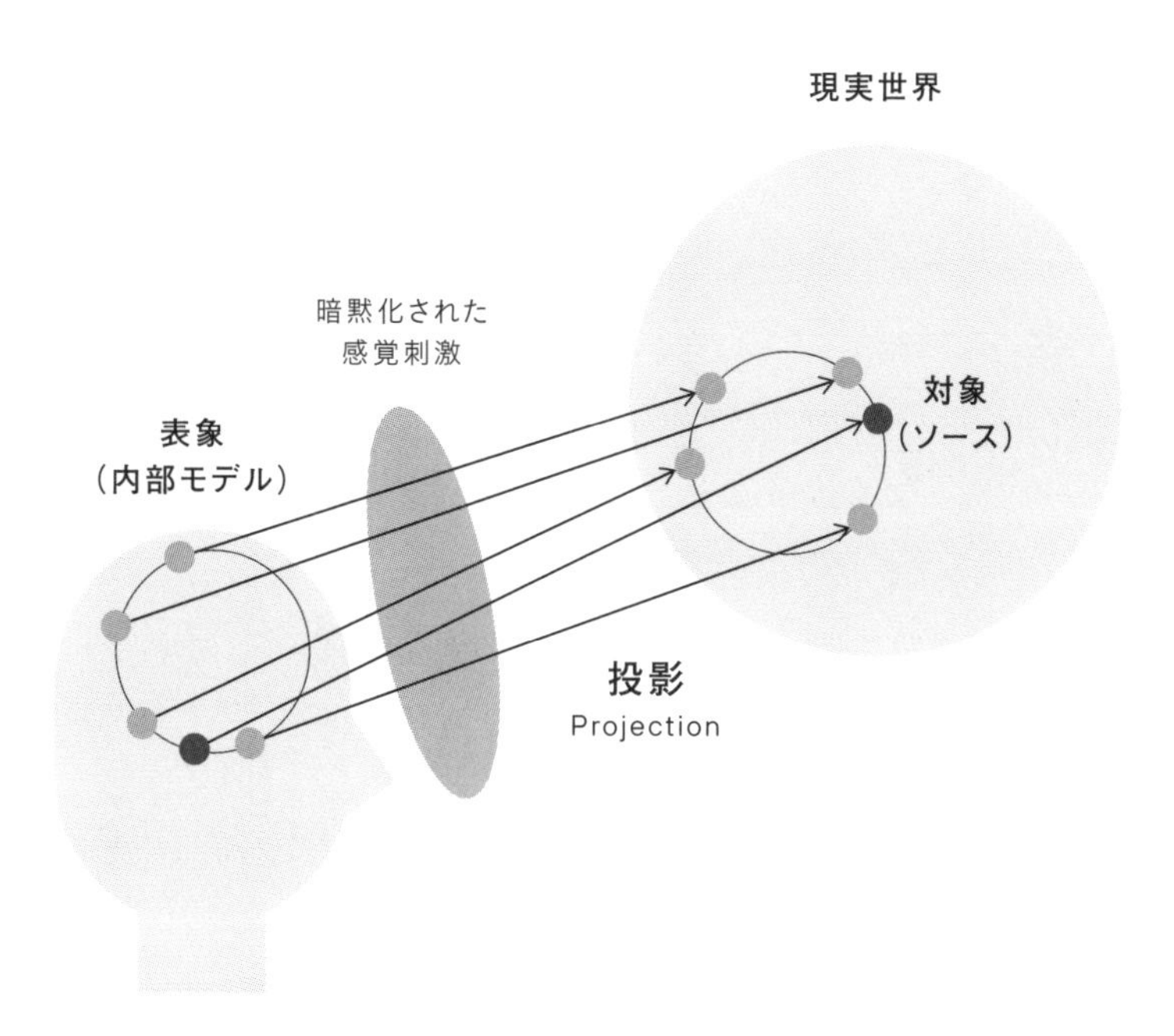

人間は見たものをそのまま認知するわけではなく、
内部モデルを通して認知したものを現実として「投影」している

出所:鈴木(2021)を元に著者ら作成

で、そのアドバイスが功を奏することはない。彼に見えている世界のなかでは「ピンチがチャンス」であることはあり得ない。そんなルールは「現状の外側」にあるわけだ。

ただし、なんらかの影響によって、その人の内部モデルが変更され、本当に「ピンチはチャンス」であるような世界に臨場感を抱けたとすれば、どうだろうか？

彼は頼りになる部下がチームを去っていくときにすら、「これはチャンスだ！」と感じるだろう。決して負け惜しみでもなんでもなく、彼は「ピンチがチャンスにしか見えない」ような世界に没入している。これこそが内部モデルの書き換えに成功し、「現状の外側」にリアリティを感じられている状態である。

それは「心から自分自身がやりたいこと」か？——ゴール設定の条件①

では、改めて問うことにしよう。いったいどのようにすれば、世界の認知を劇的に変えることができるのだろうか？　われわれの「世の中の見え方」を抜本的に変えるためには、どんな手立てが有効なのだろうか？

このとき、最も有望なのが「ゴール設定」だ。

人間はVRゴーグルを装着するだけで、「ジェットコースターに乗っている」とか「スカイダイビングを楽しんでいる」という認知をプロジェクション（投影）し、その世界に没入することができる。それと同様、別の現実を「ゴール」として意識的にデザインし、そこに圧倒的な臨場感を抱けるようになれば、世界の認知の仕方（内部モデル）は変更できるはずだ。

ところで、内部モデルの更新を引き起こし得るゴールは、次の2つを満たしていなければならない。

条件① 「真のWant to」に基づいていること
条件② 「現状の外側」に設定されていること

まず、人間はつねに整合性をチェックする生き物だ。設定されたゴールが「本音中の本音で住みたいと思える世界」になっていないかぎり、つまり、自分自身の「**真のWant to**（やりたいこと）」と辻褄が合わないかぎり、そこに没入することなどできない。

したがって、ここで言うゴールとは、「今期の売上を達成する」とか「30代のうちに役員に昇進する」といった個別の目標ではないし、そもそも仕事の領域だけに限定されるものでもない。「こんなふうに生きてみたい！」と本気で思えるような**オールライフ型**（人生全体に関わるような）のゴールであるはずだ。

これを組織経営の文脈で語り直したのが、いわゆる「**パーパス**（Purpose）」だ。ここでもキーになるのは、「没入」が起きるほどのWant toがゴールに内在しているかという点である。

たとえば、「世界から飢餓をなくす」というパーパスは、たしかに社会的には立派な志だろう。だが、経営者自身だけでなく、社員たちみんなが「飢餓がない世界」に真の臨場感を持てていないのであれば、それは単なる「絵に描いた餅」にとどまる。人・組織の内部モデルが書き換わることもないので、結果として誰も心から積極的に動こうとはしない。

これが「なんちゃってパーパス経営」の深層で起きていることである。これをどう克服すればいいかについては、第6章で詳述する。

「現状の内側」にとどまってはいないか?――ゴール設定の条件②

さて、ゴールの2つめの条件に戻ろう。世界の認知の仕方を変えるようなゴールは、「現状の外側」に向かうものでなければならない。

卑近すぎる例かもしれないが、「目の前のこの面倒な仕事を終わらせて、思いっきりビールを飲むぞ!」というゴールを考えてみよう。このゴールを設定したとき、脳の内部モデルは「仕事を終える」という行為の可能性をすでにシミュレーションしている。そして、そこに無理がなければ、われわれは「すでに仕事を終えてビールを飲み、幸せな気分を味わっている世界」に没入することになる。その結果、われわれはなんとなく「やる気」が湧いてきたように感じて手を動かしはじめるのだが、実際には既存の内部モデルから行為が出力されているにすぎない。[*7]

したがって、いくら没入が起こるゴールであっても、それが現状の延長線上にあるものであるかぎり、内部モデルの変革は起こらない。ここで言うゴールを「今年度の売上を前年比120%にする」に差し替えたところで、話は同じである。要するに、すでにやり方が見えていたり、ギリギリがんばれば達成できそうだったりすることをゴールにすると、既存の内部モデルによるシミュレーションがはじまってしまう。

内部モデルを書き換えるためには、現状の延長線上にはないゴール設定が必要だ。むしろ、「並の努力ではとうてい達成できなそうなこと」「いったいどうすれば達成できるのか、まったく見当がつかないようなこと」をゴールとして設定する必要がある。

以上が内部モデルの変革を引き起こすゴールの2条件だ。すなわち、「心の底から住みたいと思えるにもかかわらず、どうすれば到達できるのかわからないような現状の外側にある世界」をゴールとして設定し、そこに圧倒的な臨場感を持ってしまったとき、人や組織の「ものの見方」は劇的に変わらざるを得ない。たとえ、そのゴールの目指す世界がどんなに途方もないものであっても、そこに没入せざるを得ないほどの「磁力」があれば、脳は「現状（Status quo）」と「ゴール世界」とのあいだにあるギャップを埋めようと働き出すのである。

*7　田中彰吾（2019）「プロジェクション科学における身体の役割――身体錯覚を再考する」『認知科学』26巻1号140〜151頁

□これまでの人生で「ものの見方が大きく変わった」と実感したのはいつか？　それはどんな変化だっただろうか？

□無制限にお金と時間があった場合、あなたはどんなふうに過ごし、どんなふうに死んでいくだろうか？　そのとき周囲には誰がいて、どんな表情をしているだろうか？

□「理想の人生」と「いまの人生」を比較したとき、最大の違いはどこにあるか？

「これまでどおりよろしく」がチームを腐らせる

さて、われわれはこの章を「個人やチームにとって『達成が不確実なゴール』にエフィカシーを抱くことはいかにして可能か？」という問いからスタートした。そして、さまざまな認知科学の成果を参照してきた。

「できる気しかしない」＝「ゴール世界への臨場感」

これでようやく当初の疑問に立ち返ることができるが、いろいろと回り道もしてきたので、いったんここまでの流れを振り返っておこう。

われわれが探求しているのは、外因的な働きかけに頼らない、「内側から人を動かすリーダーシップ」だった。そこで注目したのが「人の行動は心的な情報処理システム（内部モデル）から生み出される」という認知科学のアプローチだった。無理に行動を捻じ曲げようとしたり、いちいち外的刺激を調整したりしなくても、内部モデルを書き換えることができれば、人の行動は自然に生まれ変わる。逆に、内部モデルを変えないかぎり、行動変容はきわめて表層的・短期的なものにとどまる。

だからこそ、リーダーの根本課題は、いかにして**人・組織の内部モデルを書き換える**かにある。認知科学的にとらえ直した場合、リーダーシップとは、内部モデルを変更することで、**人・組織の持続的な行動変容を促すプロセス**にほかならない。情報処理のシステムさえ変えられれば、おのずと行動は変わっていくし、いつのまにか元どおりということもない。何も無理をしなくても、自然とチームが生まれ変わる状態をつくれるのだ。

ところが、この内部モデルは、われわれの意思や行動に先立って、無意識レベルで作用するものだった。だとすると、これをダイレクトに書き換えるのは相当難しそうだ。

そこで注目したのが「ゴール設定」とそれが描く世界への「没入」だった。現状の外側にありながら、真のWant toに根ざしているゴールを発見し、そこに臨場感を生み出せたとき、内部モデルは根本から変わる。行動につながる情報処理システムのルールが書き換わる以上、人も組織もおのずと生まれ変わり、新しいゴールに向かうエネルギーを獲得することになる。

図2.4　ゴール世界の臨場感が行動変容を生む

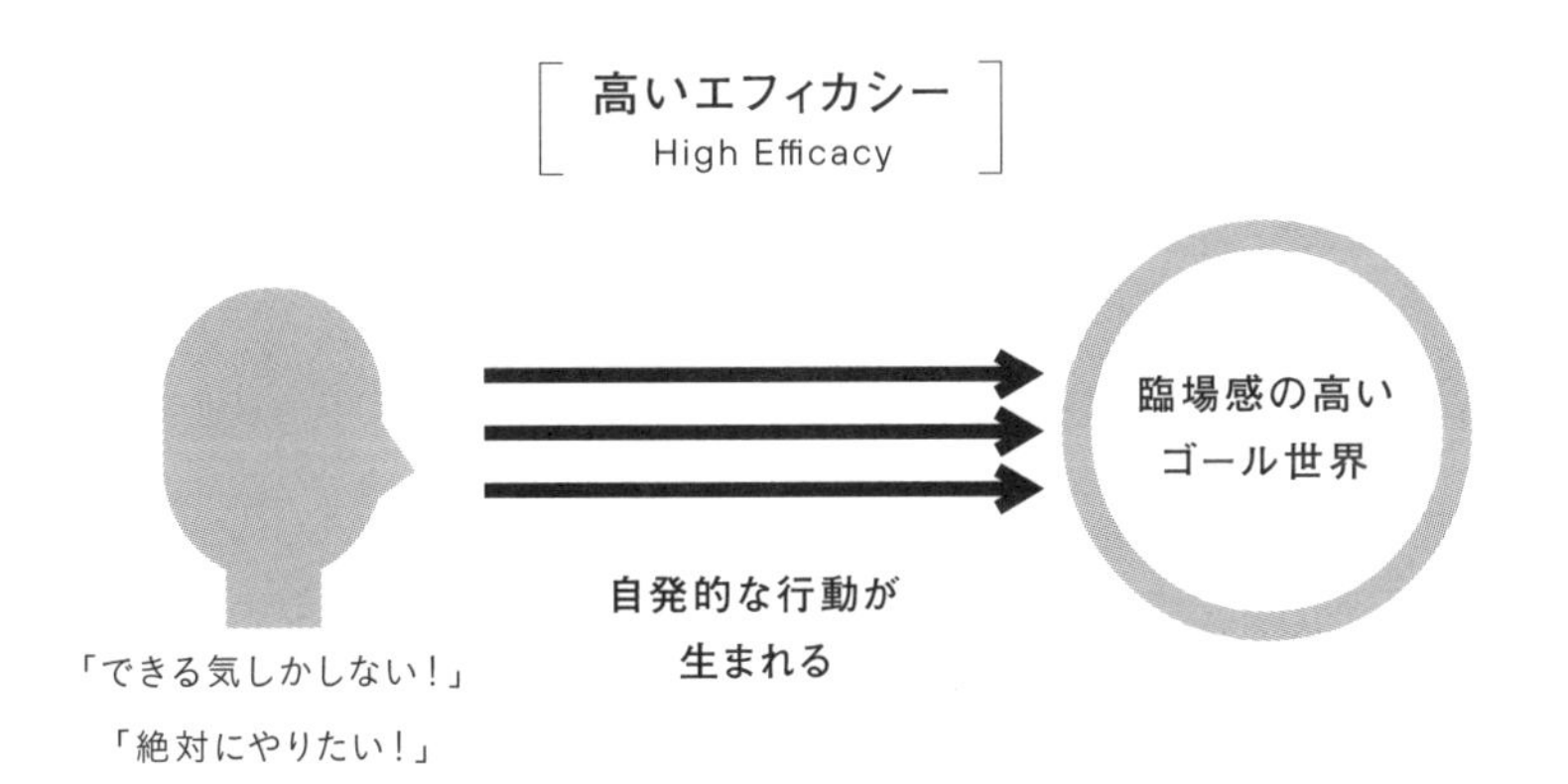

「こういう行動をとって、リーダーシップを実現させよう！」ではなく、
「こういう認知をつくれば、おのずとリーダーシップが実現する」という考え方

以上が、本章で見てきた「認知科学的なリーダーシップ」の要点だ。これらの補助線が引かれたことで、前章で紹介したエフィカシー（セルフ・エフィカシー）の概念は、新たな意味を獲得することにお気づきだろうか？

つまり、人・チームが一定のゴールに対して高いエフィカシーを持っているとき、すなわち、「自分（たち）はこのゴールを達成できる／できる気しかしない」と信じているとき、その人はゴール世界に「没入」している。

ゴール世界への没入とは、それが現実であることを信じて疑わない認知が出来上がっている状態だ。ゴールが描いている世界を「実現できる気がする／実現できる気しかしない／もう実現できたも同然だ」と信じている状態——それこそが高いエフィカシーの本質だ。

ジョブズの「現実歪曲フィールド」の秘密

しかし、ゴール世界へのエフィカシーが高ければ、すべてが万事ＯＫというわけではない。たとえば、ゴールが「前年比１０５％の部門売上を達成する」であった場合、たしかにチームはそこにエフィカシーを感じられるかもしれない。その部門に所属する各メンバーは「あのクライアントとの契約を維持できれば、たぶん達成できるだろうな」とか「いまよりも営業リソースを大幅に拡大すれば、ギリギリクリアできるかもしれない」とかいった認知を持つことになる。

しかし、これではチームの内部モデル書き換えは起こらない。ゴールが「現状」の延長線上にしか設定されていないからだ。脳はこれまでの延長線上でゴール達成までの道のりをシミュレーションし、それに必要な最低限の行動だけをアウトプットしようとする。これがチーム・組織に「たるみ」や「熱量差」が生まれる原因だ。

だからこそ、従来のリーダーは、外因的な働きかけによって、メンバーの行動をブーストしなければならなかった。しかし、もはやこの手法をとるわけにはいかない。

そのときわれわれの手に残されているのは、「現状の外側」にあるようなゴールを設定し、それに対するチームのエフィカシーを高めていくことだ。「そのゴールが達成できて当然だ」という圧倒的な没入感覚を、メンバーのなかにデザインしていくことだ。

たとえば、スティーブ・ジョブズは、当初は誰もが不可能だと考えるような事柄であっても、周囲の人たちに「ひょっとしたら達成できるかもしれない」と思わせてしまう天才だった。アップル・コンピュータの共同創設者バド・トリブルは、あたかも現実を捻じ曲げてしまうようなジョブズの影響力を何度も目のあたりにし、これを「**現実歪曲フィールド**（RDF: Reality Distortion Field）」と呼んでいたという。

現状維持の誘惑に引きずられることなく、いかにして「現状の外」にあるゴールにチーム・組織全体を、個々のメンバーを、そして自分自身を「没入」させていくか——リーダーシップはこの一点にかかっているのである。

まずリーダーからはじめよ——チームが自然に生まれ変わる2段階

さて、ここまでの第1章・第2章が、本書の「理論編」のすべてだ。これ以降の章は、このような「**エフィカシー・ドリブン・リーダーシップ**（Efficacy-driven Leadership）」を、いかにしてチーム・組織・企業に実装していくかを語る「実践編」となる。チームが自然に生まれ変わるようなリーダーシップ実装には、大きく2つのフェーズがある。

フェーズ① リーダーがゴールを発見し、それに対するセルフ・エフィカシーを高める
フェーズ② チーム内のメンバーにゴールを設定し、それに対するエフィカシーを高める

ここからもわかるとおり、まず大切なのは、リーダーがみずからの認知を変えていくことだ。当のリーダー本人が、現在の延長線上にしかないゴールに目を奪われていては、周囲のメンバーの内部モデルを変化させせられるはずがない。リーダー自身が「できる」という手応えを持っていて初めて、個々のメンバーたちのエフィカシーも高めることができる。

リーダーの**セルフ・エフィカシー**は、チーム・組織全体に伝播していく。目指すべき共通のゴール世界に対する「没入」が起こり、「自分たちはやれる／やれる気しかしない」という認知が生まれれば、チーム内に存在した「熱量の差」は消えていくだろう。これを**集団的エフィカシー**（Collective Efficacy）

図2.5 チームは「2段階」で生まれ変わる

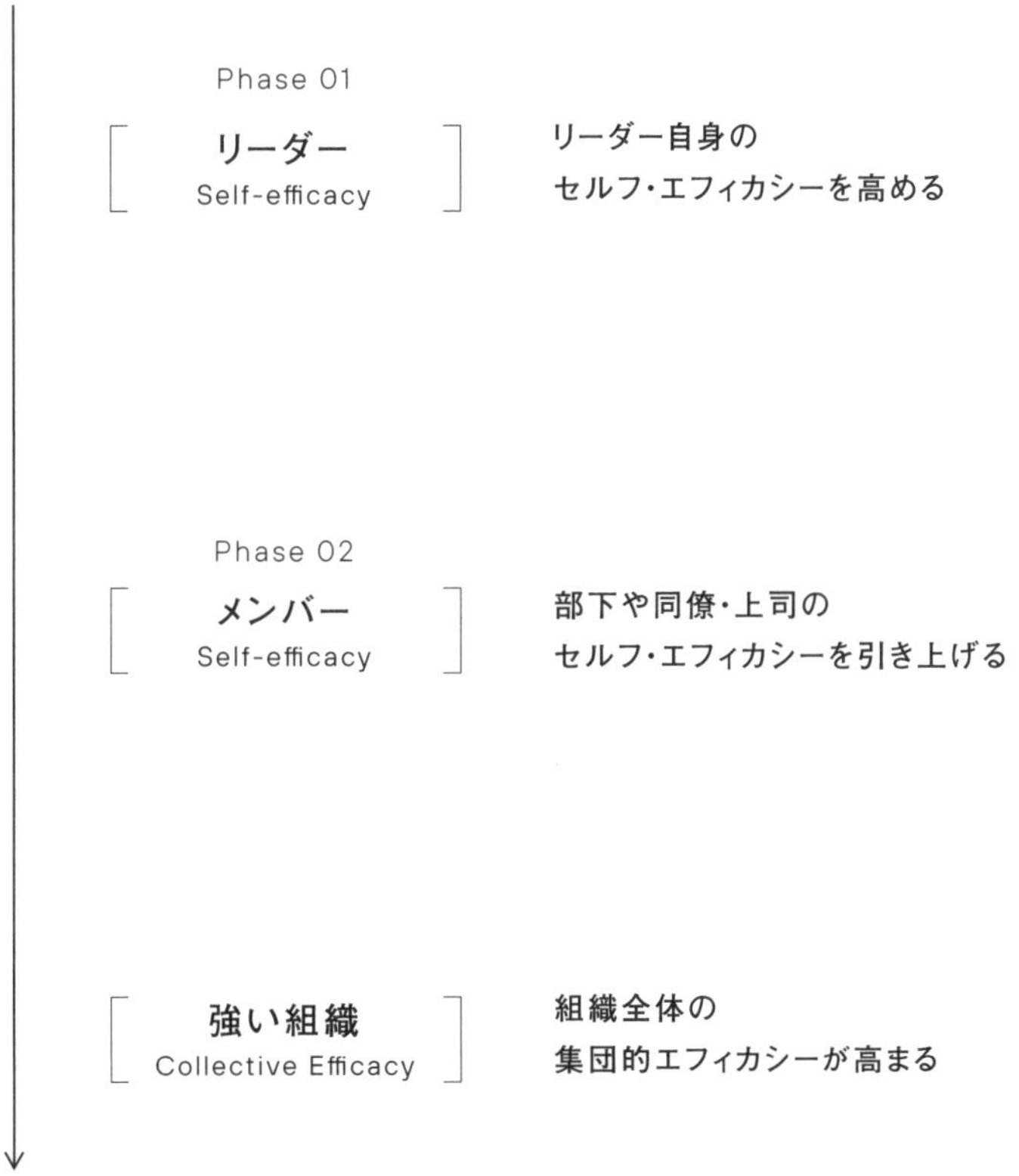

Phase 01

[リーダー Self-efficacy] リーダー自身のセルフ・エフィカシーを高める

Phase 02

[メンバー Self-efficacy] 部下や同僚・上司のセルフ・エフィカシーを引き上げる

[強い組織 Collective Efficacy] 組織全体の集団的エフィカシーが高まる

まずはリーダーが自分のエフィカシーを高めること。
強い組織づくりはそこからはじまる

という。リーダーシップの究極のゴールは、チームの集団的エフィカシーの水準を引き上げて、それを高く保ち続けることである。

ここでもう一度、本書冒頭で掲げた「チームがたるんでいる理由は、ほかでもなく、リーダー自身がたるんでいることにある」という言葉を思い出してみてほしい。

あなたのチームが〝たるんだ〟状態に陥っている要因は、まずもってリーダーであるあなた自身のエフィカシーが低すぎることにありはしないだろうか？「これまでの延長線上でできそうなこと」だけをゴールにして、既存の内部モデルで処理できる世界に「埋没」してはいないだろうか？　まず変わるべきはリーダー自身なのだ。

その際、何をおいてもまずやるべきは、「現状の外側」にありながらも、そこに「没入」できるようなゴールを見つけ出すことだ。そのゴールはまずもって、個人の「真のWant to」に根ざしていなければならない。つまり、心の底からその達成が望ましいと思えるようなゴールである必要がある。

「地に足がついていない目標は不安……」「着実ではないことは苦手……」「未来志向になんてなれない……」などと感じている方もいるかもしれないが、安心してほしい。エフィカシーを強く感じられるゴール設定にはコツがあり、十分に再現性がある。つまりその気になれば、誰でもできるのだ。また、こうしたゴール設定にまつわる実践論は、リーダーが自分自身のゴールを見つけるときのみならず、メンバーに対して理想的なゴールを発見させたいときにおいても、必ず役に立つはずだ。

次章からはさっそく、これを見ていくことにしよう。

□あなたのチームにとって「現状の外側」にあるゴールとは、どんなものだろうか？
□あなたはそのゴールを心から達成したいと思えるだろうか？　それはなぜだろうか？
□メンバーにどんな働きかけをすれば、「現状の外側にあるゴール」へのエフィカシーを高められるだろうか？

第3章

リーダーは Have toを捨てよ

「やりたいこと」よりも「やりたくないこと」に目を向ける

内部モデルの変更を迫るようなゴールを設定し、そこにリアリティを抱くためには、何よりもまずそのゴールが当人の「真のWant to」と接続していなければならない。何も具体的なメリットを持たない世界には没入することなどできるはずがないからだ。

したがって、まずは個人の「真のWant to」、つまり、本音中の本音で「やりたい！」と思えることを見定める必要がある。本章では、そのための具体的な手順や注意点を伝えていくことにしよう。

第2章の最後で伝えたとおり、チームを生まれ変わらせるうえでは、まずリーダー本人が心の底から望む（現状の外側の）ゴールを設定し、そこに没入していく必要がある。だからこそ、まずあなたがこの方法を自分自身に試し、みずからの価値観に気づいていってほしい。チーム内のメンバーに同じことを実践してもらうのは、あなたがこのメソッドの真価を体感したあとだ。そのうえで、1on1などの場を通じて彼らのWant to発掘をサポートしていくようにしよう。

というわけで、ここから先は「まずリーダーが自分自身をどう変えるか」という観点でお読みいただきたい。

リーダーは「Have toまみれ」で当然

リーダーの立場にある人もそうでない人も、いざ自分の「真のWant to」を見つけようとすると、いったい何をどうすればいいのかわからなくなる。実際、そういう人がほとんどではないかと思う。

「本当にやりたいこと」を探すのは簡単なように見えて、じつは難しい。自分が没頭できることを即座に答えられる人は、そうそういない。パッと出てきたとしても、せいぜい「お金持ちになりたい」「たっぷり眠りたい」「のんびり暮らしたい」「異性にモテたい」「いい車を買いたい」といった表層的な欲望だろう。だが、これらがその人にとって真のWant toであることはきわめて稀だ。

また、自分ではWant toだと思っている事柄が、じつは「**Have to（やらなければならないこと）**」だったりするケースも多い。Have toとはひと言でいえば、「やりたいわけでも、得意なわけでもないが、やらなければならないこと」である。

たとえば、「英語で契約交渉ができるようになりたい」とか「営業成績を3割アップさせたい」といった願望は、Want toに見えなくもない。しかし、それらは英語に対するコンプレックスや、社内でのプレッシャーから生まれた願いだったりはしないだろうか。その欲求の裏側には「もっと英語を話せないといけない」「もっと結果を出さないといけない」という無自覚のHave toが貼りついていないだろうか。

認知科学的に言えば、人の内部モデルの大半は、こうしたHave toによってつくられている。さまざまな経験や学習を通じて、人間のなかには「世界はこうでないといけない／こうであるべきだ」という型が構築されていく。われわれは目に映るものすべてをそうした枠組みに従って認知し、その世界像のなかに没入しきっている。

それ自体は決して悪いことではない。安定した日常生活を送り、スムーズに仕事を回していくうえでは、Want toはノイズでしかないからだ。「本当はどうしたいか」よりも「とりあえず何をすべきか」だけに目を向けて、それを処理していくほうがはるかに効率的だ。複数のメンバーのマネジメントを任されているリーダーの立場となれば、なおさらのことである。

したがって、ほとんどのリーダーにおいては、本来持っている真の価値観（Want to）が見えなくなっているのが常態である。Have toが周囲に分厚くまとわりついて、中核のWant toが覆い隠されてしまっているのをイメージしてもらえばいいだろう。

そんな「やらなければならないこと」にまみれたビジネスの文脈で、「自分は本当は何がしたいのだろうか？」とか「きみは本当は何をやりたいのか？」とかいった問いを発したところで、なかなかうまくいかないのは当然だ。

図3.1　個人のWant toはHave toに覆い隠されている

大量の「やらなければ…」「こうでなければ…」が
自分のなかに蓄積して、心理的な柔軟性が失われている

だからこそ、まず取るべき戦略は「Have to を徹底的に捨てていくこと」になる。Have to の内実は、「やらなければならない」という認知である。つまり、より正確に言うなら、Have to とは「やらなければならないと本人が勝手に思い込んでいること」なのだ。

リーダーとしての自分のふだんの行動から、「やるべきだと思い込んでいること」をすべて捨て去ったとき、そこには何が残っているだろうか？　そのなかに自分の Want to が眠っている可能性は高い。もちろん「何も残らない」という可能性もあるが、そのときどうすべきかも説明するので安心してほしい。

「見えにくい・捨てにくい」が Have to の本質

では、Have to を捨てて、自分の真なる Want to に目覚めるには、具体的にどうすればいいのだろうか？　これには大きく2つのステップがある。

ステップ① Have to を洗い出し、真の Want to に気づく
ステップ② Have to を捨てることを決断し、その捨て方を考える

Have to は自分の行為を決める際の無意識の枠組みになっている。したがって、自分がどんな「やらなければならない」に縛られているかをまず顕在化したうえで、自分の価値観を探索するのが望ましい。

もう1つ重要なのが「決断が先、プロセスはあと」というポイントだ。Have to に気づいたら、実際にそれを手放していく必要があるが、「どのように捨てるか」というプロセスにこだわっていては、いつまで経っても Have to は捨てられない。これは、われわれの心理的機構にある種の「ホメオスタシス（恒常性）」が働いているからだ。したがって必ず「決断」を先行させる必要がある。

まずは、ステップ①の前半部分「Have to を洗い出す」方法について見ていくことにしよう。

「給料や報酬をもらう以上、やらなければならない」と自分に言い聞かせないと、なかなか手をつけられない……そんなタスクは誰にでもあるのではないだろうか。それらはすべて Have to である可能性が高い。会社や株主から課される目標、顧客に対する責任、よくわからない会議や面倒な雑務は、多くの人にとって Have to の典型だろう。あるいは、「住宅ローンがあと20年残っているから、仕事を辞めるわけにいかない」などと嘆く人は、仕事そのものが Have to になっている可能性もある。

Have to のほとんどは個人のなかに潜在化されている。だから、いつも何かをやるたびに「ああ、これをやらないといけないな……」と明確に意識されるわけではない。むしろ、「そうするのがあたりまえ」になっており、「気づけばいつのまにかそうしてしまっている」ことこそが、Have to の何よりもの本質だ。

「やっていること」をリスト化し、まず脳内でやめてみる

その最たるものが「出社」だろう。惰性というのはHave toの典型であり、日常のあらゆるところに入り込む。「仕事は会社でやるものだ」という思い込みにとらわれていた大半の人は、これまでずっと「出社」というHave toとともに生きてきた。どれだけ疲れていても、気分が乗らなくても、とにかくきっちりオフィスに顔を出す――それがあたりまえの世界にわれわれは住んでいた。

しかし、外出自粛要請などによってリモートワークが導入された途端、みんなを縛っていた「会社＝行かなければならないもの」というHave toが外れることになった。それ以降、人々のなかには、「自分は、すし詰め状態の満員電車に乗ったり、早朝から長時間かけて自動車通勤したりする人生を望んでいたわけではない！」というNOT Want toの自覚が生まれたはずだ。

この世の中の変化に伴い、「仕事＝会社でやるべきもの」「会議＝対面でやるべきもの」「買い物＝お店でするべきもの」など、膨大な範囲でのHave toが顕在化し、全世界レベルで人々の内部モデルが修正されることになった。

このように、まず重要なのは「自分にとって、それはHave toにすぎないのだ」と認識することだ。その自覚を持つだけでも、真のWant toに近づく大きな一歩と言える。

「Have toの洗い出し」をするときには、典型的な1日の流れを振り返りながら、朝起きてから夜眠るまでの行動をリストアップすることをおすすめしたい。A4用紙などを用意し、「ふだんやってい

ること」「昨日やったこと」などを箇条書きにしてみよう。それぞれのアクションはなるべく細かくブレークダウンするのが望ましいが、ひとまずは思いついた順でかまわない。

リストをつくり終えたら、上から順に「明らかにHave toだと言えそうな事柄」を横線を引いて消していこう。もしいちばん下までチェックしたときに、もう何も残っていないのであれば、その人の人生は「やりたいわけでも、得意なわけでもないが、やらなければならないこと」で満たされているということだ。

Have toだと言い切れなそうなものがまだ残っていた場合は、「仮にそのアクションをいますぐ放棄したとしたら、自分は何を失うだろうか？　代わりに何を手に入れるだろうか？」と自問してみよう。冷静に考えてみると、やはりそれ自体がとるに足りないHave toだと気づくケースもある。

現実問題として、いますぐすべてのHave toを捨て去るわけにはいかないにせよ、現在の自分がどれほどHave toで満たされているのかを、こうやって確認しておくのは無駄ではない。日常のなかに隠れているHave toを発見し、それを自分が心から望んでいるわけではないと意識するだけでも、内部モデルの部分的な修正は期待できるからだ。

「Want toの仮面」をつくり出すコンプレックス感情

厄介なのは、ほとんどのHave toがそれ自体は「Have toの顔」をしていないことだ。むしろ、本人の目には「やりたいこと」として見えていることが多いので、注意が必要だ。こうしたパターンをいくつか見ていくことにしよう。

先ほども少し触れたが、「あなたの真のWant toは?」と聞かれたときに、一定数の人が「お金持ちになりたい」と答える。この願い自体は、たしかにWant toの形態をとっている。しかし、よくよく掘り下げてみると、ほとんどの人が求めているのはお金それ自体ではなく、そのお金によって手に入る「何か」であるケースがほとんどだ。

なかには本当に経済的な成功に異常なまでの渇望を持つ人もいる。だが、それもなんらかのHave toがベースになっていることが多い。たとえば、幼いころに困窮生活を経験しているパターンだ。貧しさに対する恐怖心や強迫観念が引き金となって、「自分はお金持ちにならなければならない!」という強いHave toが生まれている。この認知モデルの範囲内でゴール設定を行っても、根本的な行動変容は望めない。

お金にかぎらず、人々のコンプレックスはHave toの典型的な「隠れ家」だ。

「エンジニアとして活躍してきたけれど、どうしてもコンサルタントになりたい」という人がいるとする。本人はそれが自分本来の夢であるかのように感じているが、周囲から見ると、とてもその人にコンサルタントとしての適性があるとは思えない。

よく分析してみると、そういう人は「自分は頭が悪い」というコンプレックスを抱えていたりする。つまり、コンサルタントとして成し遂げたいことが具体的にあるわけではなく、ただ単に「頭のよさそうな仕事」に就いて、コンプレックス感情を慰めようとしているのだ。

この転身はまずうまくいかないだろう。一時的には劣等感が癒やされるかもしれないが、そのうち「やっぱり、自分は頭が悪い。これをなんとかしなければ……」というHave toが再び首をもたげてくる。どうにも満たされない彼は、またなんらかの別のゴールを設定するかもしれない。だが、いつまで経っても「現状の外側」に意識を向けることができないので、堂々巡りを繰り返すことになる。そうこうするうちに年齢を重ねてしだいに「熱量」を失い、なんとなく現状を維持するだけの毎日に引きこもることになる——。

こんなふうに、コンプレックスから生じたHave toが「Want to の仮面」をつけているパターンはじつに多い。プレイヤーとしては超一流の営業マンが、あまり適性のないマネジメント職に就こうとしていたり、定型的なタスク処理をやらせたら右に出る者がいないほどの人が、なぜかクリエイティブ系の職種を希望していたりするケースだ。

ただ人望を集めたかったり、承認欲求を満たしたかったりしてリーダーになった人は、「本当はやりたくないけれど、メンバーから慕われるためにやらないといけない行動」をとり続けることになる。Have to が裏で引き金となっているかぎり、当人にも周囲にもポジティブな効果は望みづらいものだ。

もちろん、その人に隠された才能がある可能性は否定できない。しかし、まず自分に問いかけてみてほしい。ひょっとしてそこには「人から頼られたいからマネジャーになりたい」とか「機転の利かない不器用な自分を変えるためにクリエイターになりたい」といった希望が隠れていないだろうか、と。

「憧れ」や「貢献欲」の内側にもHave toは入り込む

「この人の役に立ちたい」という貢献欲や、「この人のようになりたい」という憧れも、じつはHave toと結びつきやすい。これらは向上心や利他性といったポジティブな感情を伴うので、本人もなかなか気づけないという点がかなり厄介だ。

たとえば、会社の上司に尊敬できる人がいて、その人をサポートしたいという気持ちを糧に仕事に取り組んでいる人がいたとする。たいていの場合、そういう人の根っこには「その上司から認められたい」という承認欲求が潜んでいる。

だから、その上司が他社に転職してしまったり、まったく別の部署に異動になってしまったりした瞬間、「自分のやりたいこと」がわからなくなってしまう。こうなると、目の前に残されているのは、「本当はやりたくないけれど、元上司に認められるためにやるべき(だと思い込んでいた)仕事」だけだったりする。

また、一般的にポジティブな印象の強い「憧れ」も、現実の外側にあるゴールを設定する際の邪魔になる。たとえば、目標を見失って意気消沈していたときに、メンタリングのセッションを受けて、その効果に衝撃を受けた人のケースを考えてみよう。彼女は自分を立ち直らせてくれたカウンセラーに感謝するとともに憧れを抱き、「すごい！　私もこの人のように誰かのカウンセラーになりたい」という願望を持つことになる。著者らも個人向けのセッションを行うことがあるが、こういう反応は一定数見られる。

もちろん、自分を立ち直らせてくれた人を前にして、「自分もこうやって誰かを助けられる人になりたい！」という想いを抱くのは、きわめて自然なことだ。だが、メンターの腕前に感動したからといって、「メンターという役割」が当人の真のWant toだと勘違いしてはいけない。

実際、自分の立ち直り経験だけをきっかけにしてメンタリングの世界に入っても、うまくいくケースはあまりない。そもそも、カウンセリングやメンタリングは、人間の心の機微に関心がないと難しいからだ。「あのメンターのようになりたい」という強い憧れは、いつしか「あの人のようにならなければ！」という強烈なHave toに変わる。クライアントとの関係に疲弊して、不幸な結果に終わる新人メンターが多いのには、こうした背景もある。

□ 1日の流れを振り返り、やっていることを細かくリストアップしてみよう。
□ そのリストのうち、「仕方なくやっていること」を横線で消してみよう。
□「Want toの仮面」をつけている隠れHave toはないだろうか？　3つ探してみよう。

「本気でやりたいこと」が見えないリーダーはどうするべきか

自分の価値観を覆い隠しているHave toを少しずつ剝がしていくと、自分が本来「何に関心があるのか」「どういうことに夢中になれるのか」がだんだんと見えてくる。

運がよければ、102ページで紹介した「やっていることリスト」を作成するなかで、「あ、自分はこれを心からやりたくてやっているな！」と思えるようなタスクが見つかるだろう。明確に「これ！」と名指しできないにしても、「自分はこんなことにのめり込む傾向があるのかな……」という見当をつけられるかもしれない。これができただけでも、かなり大きな収穫だと言える。

もちろん、まだ何も見えてこないという人も心配は無用だ。今度は100ページで紹介したステップ①の後半部分「真のWant toに気づく」を掘り下げていこう。

"らしさ"は「得意なこと」のなかに眠っている

自分のWant toを探索するときには、次の3つのポイントに注目してみるといい。

(A) **得意なこと**
(B) **夢中になれること**
(C) **繰り返していること**

「好きこそものの上手なれ」という言葉があるが、エフィカシー・ドリブン・リーダーシップの文脈でつねに意識しておくべきなのは、その逆もまた真なりということだ。つまり、「(A)得意なこと」のなかにこそ、真のWant toは眠っているのである。

この事実に早くから気づき、自覚的に行動している人は、若くして世の中に出て大きな成功をつかんでいく。アスリートなどが典型だ。「得意」であり、かつ、「やりたい」と思えることに取り組むのが、どんな人間にとってもベストである――ほとんどの人はこのシンプルな真理を直感的に悟っているはずだ。だが、それを実践できる人はなかなかいない。

実際、個人の才能とWant toには重なるところが大きい。あなたが大切にしている価値観に気づく手がかりは、あなた自身の強みのなかに隠れているのだ。

とはいえ、自分がどんなことに才能を持っているのか、はっきりとわかっている人は少ない。そんなときには、「**ストレングス・ファインダー**」のような診断ツールを使うのも1つの手だ。

ストレングス・ファインダーとは、人の「強みの元＝才能」を見つけ出すことを目的に、アメリカのギャラップ社が開発したツールで、選択式のウェブテストを受けるだけで、その人の上位資質5つが診断できるようになっている。診断結果には、現時点で顕在化されている強みだけでなく、「こんな才能を持っている自分でありたい」という理想像が無自覚的に投影されるため、自分のWant toをつかむうえでも非常に相性がいい。

なお、「ストレングス・ファインダー」の診断を受けるには、公式サイトで直接アクセスコードを購入する以外にも、アクセスコード付きの書籍『さあ、才能に目覚めよう 新版』（日経ＢＰ）を購入するなどの方法もある。

子ども時代に夢中になったことは何か？

次に有望な手がかりと言えるのが、(B) 夢中になれること」である。

人が自発的に何かに夢中になれるときには、強制性が排除されており、具体的な成果・報酬が目的になっていない。その行為自体に楽しさを感じている証拠である。

「夢中になれること」を探索するときには、仕事とは直接関係のない領域まで広げてみよう。読書であれば、とくにどんなジャンルの本に夢中になりやすいか、コンピュータをいじることに夢中になる人は、とくにどんな作業に没頭しやすいか、語学の勉強のどんなところにのめり込んでいるのか。自身のインタビュワーになったつもりで、細かいところまで自分に問いかけていく。

一方で、「久しく何かに夢中になったことがない」という人もいるかもしれない。そんなときは、子ども時代を思い出してみよう。どんな人でも、子どものころに好きだったり、夢中になったりしたものが1つや2つはあるはずだ。まずはそこに立ち返り、感覚を取り戻してみるのだ。

幼いころに没頭した対象は、その人の奥底にある純粋なWant toとつながっている可能性が高い。親や先生から褒められるわけでも、具体的なメリットがあるわけでもないのに、時間を忘れて夢中になったことは何かないだろうか？　それを手がかりにすれば、自分の真のWant toに関する仮説が見えてくるだろう。

他方、「子ども時代の夢中」を探索するときには、ちょっとした注意も必要だ。好き嫌いに関係なく偶然成果が出てしまったり、親の期待に応えるために達成したりした事柄が紛れ込む可能性もあるからだ。

たとえば、本人としては勉強が好きなわけではなかったのに、「親が褒めてくれるから」という理由だけで幼いころから塾に通った人もいるかもしれない。その結果として成績が上がれば、当然誰でも勉強には夢中になっていく。しかし、そのオリジンを突き詰めるなら、これはかぎりなくHave toに近い。

親の影響は絶大であり、親の考えが子どもの頭のなかに刷り込まれてしまうケースは頻繁にある。親から子どもに刷り込まれた「夢中」は、往々にして真のWant toにはならない。子どもからすれば、単に親に乗せられていただけだ。

こうした点にも留意しながら、子どものころに夢中になったこと、楽しかったことを10個くらい紙に箇条書きで書き出してみる。そのときのエピソードや心理状態も思い出しながら、ストーリー形式にしていくのがおすすめだ。大学受験のようになんらかの社会的メリットを見越してがんばったことではなく、見返りが何もないのにのめり込んだことに注目してみよう。

「昔から繰り返していること」はその人だけの才能

Want to探索の3つめのカギは「(C) 繰り返していること」である。人生のなかで長期的に繰り返してきたことは、たいていの場合、「(A) 得意なこと=才能」になっているからだ。才能がその人の重要な価値観をつくっている可能性は、すでに述べたとおりである。

過去を振り返ってみたとき、なぜか10年以上にわたって継続できていることはないだろうか？ それほど努力しなくても、ストレスを感じることもなく、無意識的に続けられていることはないだろうか？ もしそういう行動なり習慣なりがあるのなら、それはあなたのなかで優れた才能に転化していると考えていい。

その人の価値観に適合する行動は、人生のなかで何度も繰り返される傾向がある。ある事柄をさほどの苦労なくずっと継続できているということは、その活動と当人の価値観とが調和していることを意味する。何度も反復されるなかで、当然ながらその精度は高まっているし、何より経験値も相当に蓄積されている。結果的にその活動は、その人の才能にまで高まっている。

もちろん、経験とは無関係な、ある種の天賦の才を持つ人もいる。しかしほとんどの場合、才能は繰り返しのなかで構築されていくものなのだ。

たとえば、学生生活やクラブ活動、さらに友だち付き合いや地域活動のなかで、チームワークを発揮しながら他者と何かを成し遂げることを繰り返してきた人がいるとしよう。こうした経験を10年、20年のスパンで繰り返してきた人には、知らず知らずのうちにチームづくりのノウハウが蓄積されている。気づけば、誰にも真似できないレベルに達していたりすることも珍しくない。

そういう人は、いざ仕事で初めてマネジャー職に就いても、チームをまとめるタスクを楽しみながら、やすやすとやってのける。新米リーダーたちを苦しめる「壁」にぶつかることもない。こうなるともう、正真正銘の才能と言うほかないだろう。

「繰り返してきたこと」は、習慣として継続してきたことだけを必ずしも意味しない。より抽象度を上げてみたときに、ある種の同型性が確認されるような活動であっても、才能に転化していることがある。

たとえば、書籍の編集者として活躍している人物のケースで考えてみよう。彼女の過去を振り返ってみると、高校時代にはバレーボール部に所属しており、セッター（アタッカーにトスを上げるポジション）として活躍していたという。また、大学ではドラマーとしてロックバンドに打ち込んでいた。ロックミュージックの演奏においては、テンポキープはもちろん、ビート感やグルーヴを生み出すうえでも、ドラムが全体の土台を担うことになる。

つまり彼女は、著者やアタッカーやヴォーカルといった「前面に出て活躍する人」を支え、そのパフォーマンスを最大化する活動を、人生のあらゆる局面で無意識的に繰り返しているのだ。実際、そういう人がストレングス・ファインダーを受けてみると、その人の最上位の資質は「最上志向（Maximizer）」だとの診断が出る。これは、人や組織の強みを最高レベルのものに変えようとする才能であり、まさに彼女がこれまでの人生のなかで繰り返してきたことにぴったりと一致している。

Want toがなかなか見つからない人は、「よくもまあ、昔から飽きもせずに同じようなことをやっているな……」というような事柄がないかをもう一度チェックしてみよう。そこに思わぬ才能やWant toのかけらが隠されているかもしれない。

1人だと難しく感じられるときは、自分のことをよく知る人と対話しながら、そうした「共通項」を括り出してもらうといいだろう。無意識に追い求めている共通のテーマだったり、コミュニケーションや思考のパターンだったりは、自分ではなかなか気づけないものだが、周囲からははっきりと見えていることもある。

図3.2 個人の「好きなこと」の例

□コレクションが好き
□競争で勝つのが好き
□何かを学ぶのが好き
□達成感を味わうのが好き
□知的な思考・理論が好き
□新しい人に会うのが好き
□人を成長させるのが好き
□物事を分析するのが好き
□プレゼンテーションが好き
□インスピレーションが好き
□新しいことを考えるのが好き
□グループを調和させるのが好き
□何かに着火する・始めるのが好き
□投資対効果を最大化するのが好き
□人のユニークな才能を引き出すのが好き
□制御が難しい状態を統制するのが好き
□必要な変化を起こして管理するのが好き
□道がないところに道を見つけるのが好き
□問題に対して解決策を見つけるのが好き
□同じやり方で物事を繰り返すのが好き
□外れ者をグループ内に入れるのが好き
□目標のイメージを心に描くのが好き
□仕事の場でも感情を感じるのが好き
□ポジティブな空気をつくるのが好き
□未来のことを心に思い描くのが好き
□カオスな状況に適応するのが好き
□他者と親密な関係を築くのが好き

あてはまるものはあるだろうか。
人の「好き」は1つだけとはかぎらない

最後に1つつけ加えておくならば、過去だけに目を向ける必要はない。現時点で、いくらやってもまったく苦にならないことがあるのなら、それを今日から10年間繰り返していけばいいのだ。年齢を気にする必要はまったくない。30歳だろうと、50歳だろうと、はたまた70歳だろうと、それをこれからやり続ければ、10年後には新たな才能に恵まれるのだ。

□ストレングス・ファインダーを受けて、自分の才能や強みの傾向をつかもう。
□子どものころに夢中になったことはあるだろうか？　3つ挙げてみよう。
□10年以上にわたって継続していること・反復していることはあるか？　あるとすれば、それはどんな才能に転化しているだろうか？

人・チームの生まれ変わりを邪魔する「心理的ホメオスタシス」

みずからの価値観を覆い隠しているHave toを洗い出す方法と、真のWant toに気づくための3つの手がかりを見てきた。以上が「現状の外側」に向かうゴール設定へのステップ①「Have toを洗い出し、真のWant toに気づく」である。

自分が本当にやりたいWant toに出合えたとき、人は感動を覚える。その瞬間、たとえ明確なゴールがまだ見えていないとしても、「現状の外側」に向けて歩を進めるためのエネルギーが生まれるはずだ。

なかには、これだけでHave toの軛（くびき）がかなり外れてしまう人もいる。そうなると、現状に引き戻そうとする力がほとんど働かなくなるので、Want to実現に向けた圧倒的な行動変容が生まれることすらある。

「やるぞ！」と思えた昨晩はなんだったのか…

しかしながら、ほとんどの場合、そんなにうまくはいかない。たとえば、集中的なセッションを通じて、その人の価値観にこびりついているHave toを徹底的に剝ぎ取り、本音中の本音で「やりたい！」と言えるようなWant toを取り出せば、それだけでも人はかなりの充実感を抱くことができるだろう。人前にもかかわらず、涙を流して喜ぶ人も一定数いるくらいだ。

だが、よほど優れたメンターが手取り足取り丁寧にガイドしないかぎり、これだけで内部モデルの変更が起こることはまずない。放っておけば、熱狂はその場かぎりのものに終わるだろう。翌日には何もなかったように満員電車に揺られて会社に行き、朝9時から無表情でカタカタとキーボードを叩いているという人がほとんどだ。

客観的に見れば、ゾッとするような光景だ。昨晩のあの涙はなんだったのか。感激した様子で「私はこれからは自分に正直に生きていきます！」と宣言していたのに……。

他方、人の行動や認知のメカニズムについてすでに学んだわれわれにとっては、この人の振る舞いは不思議でもなんでもない。

人の行動は、外的刺激に対して内部モデルが情報処理を加えた結果として生まれる。外的刺激も内部モデルも変わらないなら、当然、行動も変わらない。だから、昨日までと同じ行動を取り続ける。

それだけのことだ。「会社に行かなければならない」「9時からデスクで仕事をしなければならない」などの膨大なHave toにまみれた世界のほうが、その人の内部モデルにとっては圧倒的にリアルなのだ。「Have toを洗い出し、真のWant toに気づく」だけでは、人の認知のモデルはまず変わらない。臨場感を抱く世界も変わらないから、行動変容も起こらない。

太っているのは、〝太っている自分〟が快適だから

では、なぜ外的刺激の情報処理を担う「内部モデル」は、容易に変えられないのだろうか？　われわれの心には「元に戻ろうとする力」、つまり、一種のホメオスタシスが作用するからだ。

生理学や神経科学などで語られるホメオスタシスは、生物における恒常性の維持機能を指している。人の身体は暑さを感じると汗をかいて体温を下げようとするし、寒さを感じたときには震えることで熱を出し、体温を上げようとする。人間の生命維持に最適な「平熱」を守るべく、脳が自動的に働いて、さまざまな指令を出すようにわれわれの身体はできているわけだ。

これと同様、われわれの心にも「現状（Status quo）からの逸脱を妨げようとする機能」がある。いわば**心理的ホメオスタシス**とでも呼ぶべきものだ。実際、認知科学の領域においても、ホメオスタシスをモデル化しようとする研究は存在している。卑近なところで言えば、ダイエット後のリバウンドは、

このモデルを使えばかなり整合的に説明できるだろう。

心理的ホメオスタシスとは、「変わりたくないと思う無意識」そのものだ。これがあるかぎり、いくら外的刺激を与えても、人は「これまでどおりの日常」へと無意識のうちに戻っていこうとする。より居心地のいい現状は、コーチングや人材開発などの文脈では「**コンフォートゾーン**」と呼ばれたりもする。頭では「変わらないといけない」とわかっているのに、ほとんどの人が変われないのは、ホメオスタシスが強烈に働き、コンフォートゾーンへと引き戻されるからなのだ。

たとえば年収300万円の人が、ある日、宝くじに当たって1億円を得たとしよう。大金をつかんだ当人は、意識レベルでは「やった！」と大喜びをしている。だが、彼の無意識はそうではない。彼にとってのコンフォートゾーンは年収300万円の状態であり、いきなり1億円が手元にある環境は決して心地いいとは言えないからだ。

その結果、元の生活水準へ戻ろうとする強烈な心理的ホメオスタシスが働く。ここでよく起こるのが無計画な出費である。彼が無邪気に豪勢な生活を楽しんでいる背後では、暴れ回る無意識が「バカげた浪費をせよ！」との指令を繰り返している。その結果、彼はめでたく(?)元の年収300万円の生活に戻っていくわけだ。

なお、こうした作用が働くのは、個人だけではない。組織においても心理的ホメオスタシスと類似した力学が存在する。たとえば、長い歴史を持った企業の底流には「前例主義」や「現状維持」といった強烈な慣性が働きやすくなる。だからこそ、こうした企業で組織変革を行おうとすると、「変わりたくない！」というものすごい拒否反応が起こる。これは個人のケース以上に厄介だ。

自分の心理的ホメオスタシスには気づけない

注意が必要なのは、心理的ホメオスタシスそれ自体は、決して悪ではないということだ。生理的なホメオスタシスと同様、これは人間が生きていくために授けられたかけがえのない「本能」だからだ。このすばらしい脳機能のおかげで、われわれは前日まで安全だった洞穴に定住したり、ずっと集落を守ってきた村の掟に従ったり、前年比１０３％の業績をあげたりすることができる。

しかし、「現状の外側」へ向かうゴール設定のように、なんらかの変化が求められている局面では、心理的ホメオスタシスはわれわれの邪魔をする厄介なブレーキとして作用する。だからこそ、Have toを捨てるためには、なんとかこれの働きを克服しなければならない。

そうは言っても、心理的ホメオスタシスはわれわれの本能なので、真正面から対抗してもほぼ勝ち目はない。寒いときに「身体を震わせるな」と言われたり、暑いときに「汗を出すな」と言われても、われわれにはどうにも対処できない。それと同様、心理的ホメオスタシスに「気合い」や「意思」で抵抗することは不可能だ。それは生物としての危険につながる自殺行為だからだ。

あるヨガインストラクターの例で考えてみよう。「もっと生徒を増やして、ヨガスタジオの予約をいっぱいにしたい」と考えた彼女は、コンサルタントに集客の相談をする。コンサルタントは予約を増やすためのノウハウを彼女に授け、それを実践するようにアドバイスした。

ところが彼女は、いつまで経ってもそれを実践しようとせず、彼女自身が望んでいたはずの「ヨガスタジオの予約をいっぱいにする」という目標を達成することができなかった。その原因は何だったのだろうか？

そう、彼女の心のなかでも、やはり「変わりたくない！」という本能が強烈に作用していたのである。彼女が会社を辞めてヨガインストラクターになったのは、人や組織に縛られることなく自由に働きたかったからだった。その自由が実現されている彼女の「現状」は、まさにコンフォートゾーンそのものだった。

しかし、生徒が増えてもっと忙しくなれば、彼女の自由は失われてしまうだろう。だからこそ彼女は、口では「スタジオを予約でいっぱいにしたい」と言いながらも、無意識レベルでは「忙しくなって自由がなくなるのはイヤだな……」と感じていた。その結果、彼女はコンサルタントからの助言を無視し続けたわけである。

もし彼女が、心が持つ本能を無視して、強引に生徒の集客数を増やしていたらどうなるだろうか。下手をすると、彼女は会社員として働いていたとき以上のストレスを抱えることになっただろう。それでは本末転倒である。

だとすると、彼女はどうすべきだったのだろうか？　どうすればこうした心理的ホメオスタシスの働きをハックすることができるだろうか？　それを次節で見ていくことにする。

□変わろうと思ったのに心理的ホメオスタシスに邪魔された経験を1つ思い出してみよう。
□いまのあなたにはどんなホメオスタシスが作用しているだろうか？　5つ挙げてみよう。
□あなたのチーム・組織にはどんなホメオスタシスが働いているだろうか？　どんなところからそう感じるのだろうか？

脳のからくりをハックするリーダーの「決断」

世の中には「なるべく意識して○○するようにしましょう」とか「もっと○○するように気をつけましょう」といった「隠れ根性論」のメッセージが溢れている。表現こそマイルドではあるが、これらがやっているのは心理的ホメオスタシスという本能の否定だ。こういう助言を真に受けて、自分のホメオスタシスとがむしゃらに戦い続けていると、心のほうが壊れてしまいかねない。

何度強調しすぎても強調しすぎることはないが、どんなにがんばっても人はホメオスタシスには勝てない。いくら戦っても、負け戦になるのは最初から目に見えている。心理的ホメオスタシスを、個人の「意思」とか、外部からの「フィードバック」とかでどうにかしよう**としない**――それこそが心理的ホメオスタシスを克服するうえでの第一歩である。つまり、その作用の裏をかくような、ある種の**工夫**が必要なのだ。

チームの「平熱」を変えろ

チームのパフォーマンスが上がらないときに、目標数値に対する進捗レポートを毎日提出するよう、メンバーたちに義務づけたとしよう。進捗レポートが順調であれば上司から褒められるし、そうでなければ叱責や評価下落が待っている以上、各メンバーはしっかりと結果を出そうとする。そのため、こうした外側からの働きかけは、短期的には効果を発揮するだろう。

しかし、各メンバーやチームのコンフォートゾーンは、もっと低いところにある。マネジャーが目を光らせているうちは、義務づけられたアクションを取ろうとするが、そうしたプレッシャーがなくなると、「元に戻ろうとする力」が一気に働く。

「リモートワークになった途端にパフォーマンスが落ちた」というチームのメンバーたちは、決して悪意があってサボっているわけではない。外因的な刺激がなくなったことで、元どおりのコンフォートゾーンに立ち返ったにすぎないのだ。

ここからもわかるとおり、外因的なリーダーシップは、心理的ホメオスタシスを克服するうえでもうまく機能しない。

ではいったい、どうすればいいのか？　結論を先に言おう。

そのためにはホメオスタシスの「基準点」となるコンフォートゾーンそのものを動かしてしまうし

かない。つまり、「現状」とは異なる世界に臨場感の軸をずらし、脳が本能的に引き返そうとする基準点を変えてしまうのだ。

生理学的なホメオスタシスで言えば、これは「平熱」を変えることに等しい。いつも平熱36・5度を保っていた人が、いきなり宇宙人に身体を改造され、平熱55・5度のサイボーグに変身したとしよう。どれだけ高温のサウナで過ごそうとも、どれだけ極寒地を歩こうとも、しばらくすれば体温は55・5度に戻ろうとする。その新しい身体が生存していくうえでは、「体温55・5度」こそが最も自然で心地よい状態だからだ。

もちろん、これは単なるＳＦ的な思考実験であり、現実にはまずあり得ない。だが、心理的なホメオスタシスについて言うならば、こうした「平熱」の書き換えは可能だ。それこそが、第2章で見てきた「内部モデルの変革」である。

世界の認知の仕方が変われば、当然ながら、心理的ホメオスタシスが参照する基準点も変わる。その人の脳にとって自然で心地よい場所が「現状とは別のリアリティ」に移ってしまえば、「これまでの現状」のほうがかえって居心地の悪い、どちらかというと不快なものに感じられるようになるはずだ。

無意識は「これまでの現状」から抜け出し、より臨場感のある「新しいコンフォートゾーン」に戻ろうともがくため、おのずと行動が生み出される。誰かに命令されたからとか、金銭的な報酬がほしいから動くわけではない。内因的な原理によって「自発的にやるべきことをやる状態」が実現するのだ。

ホメオスタシスを味方につけ、チームの駆動力にする

本当にそんなことができるのか？　無理やりに洗脳されたのならまだしも、「現状の外側」に臨場感を抱くことなど、常識的に考えればできそうにない。しかし、それが可能な「現状の外側」が1つだけあったのを覚えているだろうか？

それこそが、個人の「真のWant to」に根ざしたゴール世界だ。その人が心の底から実現を望む理想状態だけは、たとえそれがどれだけ現実離れしたものであっても、そこに没入し、リアリティを生み出すことができる。

臨場感が十分に高まれば、そんな世界を「実現できる気がする／実現できる気しかしない／実現できてあたりまえだ」という具合にエフィカシーも高まっていくし、結果的にそのための具体的なアクションも引き起こされる。そういうふうに人間はできているし、これまでもずっとそうやって世界を変えてきたのだ。

ホメオスタシスの基準点が完全に書き換わってしまえば、もはやこの「元に戻ろうとする力」が邪魔をすることはない。それどころか、この本能の作用は、心から望むゴール世界に向かう原動力となってくれる。

現実にどんな壁が立ちはだかろうと、無意識は「私の本当の居場所はここではない！　こんなところで諦めてはいけない！」と呼びかけ続けてくれる。だから「熱量」が失われることもなくなる。心理

的ホメオスタシスは、どんな外的刺激よりも強く行動を促す作用を持っているのだ。

決断とは「認知上の片づけ」。勇気や気合いはいらない

そこで必要になるのが、100ページでも予告しておいたステップ②「Have to を捨てることを決断し、その捨て方を考える」だ。カギになるのは、まず「捨てる方法」についてあれこれ考えてから、そのあとに「捨てる決断を下す」という一般的なプロセスを逆転させ、ひとまず「決断」を先行させる点である。

なぜ「決断が先、プロセスは後」でなければならないのか？　当然、ホメオスタシスが邪魔をするからだ。たとえあなたがその Have to（たとえば出社）を面倒でイヤなものだと感じていても、結局のところ、あなたの無意識はその「現状」を心地いいと感じている。不満を抱きながらも、そうやって会社に出かける日常に安住しきっている。

そんな状態のまま「Have to を捨てる方策」を練ったとしても、ホメオスタシスの強固な砦を打ち破ることはできない。まず Have to を捨てる「決断」をしないかぎり、われわれの脳はこれまでと同じことを繰り返してしまうだろう。

実行が難しく思える事柄ほど、先に決断を下す必要がある。決断する段階では「どうやって捨てるか」「捨てたあとどうするか」はいったん思考の外に追いやるほうがいい。これを考え出すと、ホメオ

図3.3 心理的ホメオスタシスを味方につける

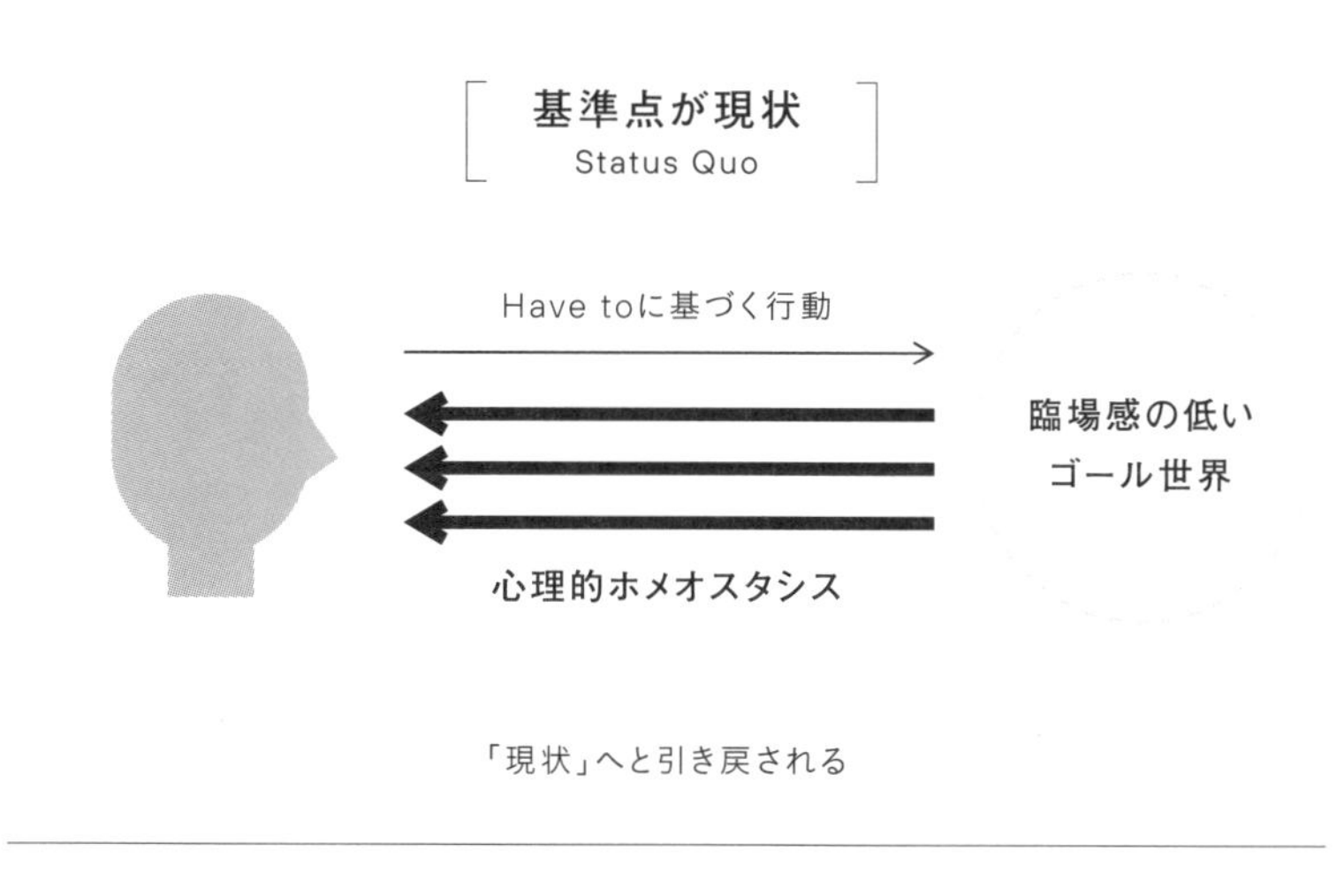

「現状」へと引き戻される

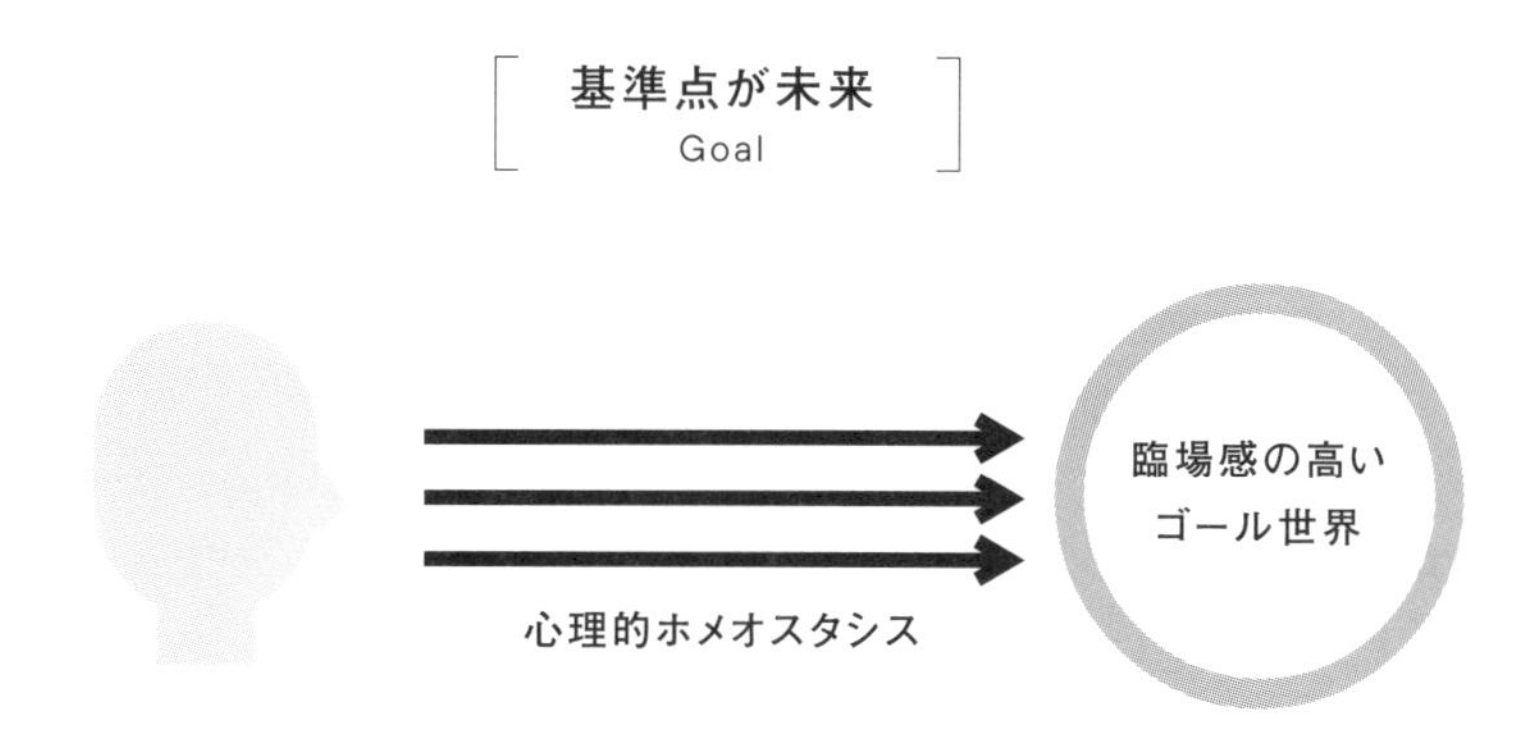

「ゴール」へと引き上げられ、圧倒的な行動量が生まれる

スタシスが働き出してしまい、内部モデルの変更が起こり得ないからだ。「決断が先、プロセスは後」がHave toを捨てるときの大原則なのには、こうした理由がある。

ところで、決断とは「断つものを決めること」でしかない。つまりこれは、いわゆる「勇気」のような精神論とはまったく無縁のものであり、認知科学的に言えば、自分の認知のなかから「捨てるべき現実」を決定する作業にすぎないのである。決断とは単に「脳のなかの出来事」でしかないのだ。

しかしながら、この「単なる脳のなかの出来事」は、認知レベルでは大きな意味を持つ。VRがその典型だが、脳はある表象が現実なのか空想なのかを区別しない。最も高い臨場感を持つ世界こそが、脳にとっての「現実」である。

だからこそ、これまでの「現状」を捨てるという決断は、脳がそれまで投影していた世界から臨場感を奪うことにつながる。これまでの「現状」から臨場感が失われていけば、われわれの無意識はよりリアルな「別の現実」を必死に探しはじめる。その結果、その「新しい現実」に最適化された内部モデルが脳内に構築され直していく。これこそが、決断によって内部モデルの劇的変化が引き起こされるプロセスである。

なぜ決断が「見える世界」を変えるのか

「まず現状を捨てると、内部モデルが変わる」というのは、単なる比喩ではない。われわれの脳はどんな現実を見て、どんな現実を見ないのかを選んでいる。代表的なのがいわゆる「**カクテルパーティ効果**（**Cocktail Party Effect**）」だ。[*8] これは1950年代の古典的な研究で指摘された認知機能であり、大勢の会話が聞こえるパーティ会場であっても、人間の脳は自分に話しかけている人の声だけを抽出し、それ以外のノイズ音をカットすることができるというものだ。

こうした選択的注意と似たことが、より広範な無意識の領域でも起きている。何かを決断した瞬間、「見えていなかったものが見えるようになった！」「『自分がこれまで気づいていなかった』ということに気づいた」という経験は誰にでもあるはずだ。内部モデルが刷新された途端、見える世界が一気に変わる現象は、日常生活のなかでも頻繁に起きている。

たとえば、クルマにさほど興味がなかった女性が、どうしても自家用車が必要になり、メルセデス・ベンツを買うことを決断したとしよう。その途端、その人の内部モデルは更新され、道路を走るベンツがやたらと目につくようになる。もちろん、走っているベンツの台数が増えたわけではない。「ベンツを買う」という決断によって、彼女の脳がベンツの存在に強いリアリティを覚えるようになり、視野のなかにあるベンツを検知しやすくなっているのだ。

こうした現象が起き得るのは、何を認識して、何を認識しないかを脳が選んでいるからである。つまり、内部モデルの変更とは、神経科学的には脳の変化だと言えるだろう。ベンツを買うという決断

＊8　Cherry, E. C. (1953). Some experiments on the recognition of speech, with one and with two ears. *The Journal of the acoustical society of America*, 25(5), 975-979.

をしたことで、脳内のネットワークになんらかの変化が起こり、世界の認知自体が変わるため、いままで見えていなかったことが見えるようになるのだ。

子どもを持ったことのある人は、初めて自分やパートナーの妊娠がわかった途端、街中で「赤ちゃん」の存在が自然に視界に入ってくるという経験をしたのではないだろうか。数カ月後に子どもが生まれてくるとわかった瞬間から、脳は赤ちゃんの存在に強いリアリティを覚えるようになる。これは子どもという存在が、否応なしにわれわれに決断を迫り、内部モデルを一変させるパワーを持っているからだ。

他方、実際に生まれてきた赤ちゃんが真夜中に泣き出したりしたとき、母親のほうはすぐに目を覚まして面倒を見るが、父親はその横で平気で寝ていたりする。これが不和の原因になったなどという話もよく耳にする。

こうした差は、生物学的なメカニズムの違いとして説明されることが多いが、内部モデルの違いとしても整合的に理解できる。母親のほうは子どもの面倒を見ながら生活するという「現実」に臨場感の軸をシフトさせているのに対し、父親のほうは内部モデルが十分に更新されていない。両者の脳の情報処理プロセスの違いが「赤ちゃんの泣き声」に対する認知の差となっている。

しかしたとえば、母親が新生児と夫を残して実家に帰ってしまえば、その父親はもはや「決断」するしかなくなるだろう。すると、彼の内部モデルにも変化が起き、「自分こそがこの子の面倒を見るのだ」というリアリティに軸足が移る。当然、どんなに疲れていようと、子どもの泣き声を敏感に聞きつけて目を覚まし、すぐに起き出して子どもをあやすように行動が変わる。これが決断→内部モデル更新→行動変容という一連の基本メカニズムである。

なお、誤解する人はまずいないと思うが、ここでは女性こそが育児をすべきだとか、すべての男性が育児に後ろ向きだとかいうことを言いたいわけではない。ただ、夜泣き中の赤ちゃんの横で眠っている男性に「育児参加への意識が低すぎる！」といった批判を繰り広げるだけでは、行動変容は望めない。これは、マネジャーが「君は仕事へのやる気が低すぎる！」と部下を叱責するだけでは、事態が改善しないのと同じである。

問題は「やる気」ではないのだ。「内部モデル」や「見ている現実」が両者のあいだで違いすぎる。そこを解決しないまま、無理やり「意欲の向上」だけを押し進めれば、少なくとも一方はずっと我慢を強いられることになる。家族であれ、会社組織であれ、それではあまりに不幸である。

□「やめたほうがいい」とわかっていたのに、「やめるプロセス」を先に考えてしまったせいでやめられなかったことはあるだろうか？
□何かを決断したことで、内部モデルが劇的に変更されたエピソードを1つ思い出そう。
□あなたにとっての「最大のHave to」が消えた世界を鮮明に想像してみよう。その世界では、あなた自身や周囲の人はどんな表情で、どんな1日を過ごすだろうか？

「決めても続かないリーダー」に欠けているもの

本章の最終節を見ていく前に、ここまでの流れを振り返っておこう。われわれの問題意識は「個人・チームの内部モデルの変更を迫るゴールの設定は、いかにして可能か」ということにあった。そして、ゴールの土台となる「真のWant to」を見極めるには、大きく2つのステップが必要だった。

ステップ① Have toを洗い出し、真のWant toに気づく
ステップ② Have toを捨てることを決断し、その捨て方を考える

前節では、ステップ②前半の「決断が先、プロセスはあと」を見てきたので、最後にステップ②の後半「捨て方を考える」について確認していくことにしたい。

「捨てる決断」をした人には「捨て方」が見えてくる

誰もが「捨てることは難しい」と言う。しかし、捨てることを先に決断できてさえいれば、「どう捨てるか」に悩むことは圧倒的に少なくなる。決断することで脳内には新たな情報処理パターン（内部モデル）が構築されるため、「どう捨てるか」の認知にも変化が訪れるからだ。以前は考えもつかなかった捨て方が見えてきたり、そもそも思っていたほど捨てるのが難しくないと気づいたりもする。

たとえば、会社を辞めて起業する人の場合。毎月の安定した給料をもらいながら、自分と家族を養っている彼は、たくさんのHave toを抱えている。心のどこかでは会社を辞めて独立したいと感じているが、どのような手順を踏めばいいのかがわからず、モヤモヤをずっと抱えている。

この状態を解消するための明快な方法は、まず「会社を辞める」と決断してしまうことだ。辞める理由を家族や上司にどう伝えるのかはわからない。辞めたあと、どうやって生活していくのかもひとまず考えない。いつどうやって辞めるのか、プロセスはまったく見えていない。

ただ、とにかく脳内ではっきりと「会社に所属する現実」のほうをまず捨ててみる。102ページで紹介した「やっていることリスト」のHave toの項目を紙のうえで消したのと同じように、「会社に所属する」を頭のなかから消すことをイメージしてみよう。そうやって「会社を辞めた世界」のほうに臨場感を移していくのだ。

そうすることで初めて、あるべきプロセスが見えてくる。独立に向けてどれくらいの準備期間が必要なのか、どのタイミングで上司に伝えるか、家族にはどんなふうに説明するか。決断を先行させることで、自分なりにベストだと思えるやり方が浮かび上がってくる。

未来を「先取り」する認知環境のデザイン

「なかなか行動を起こせない」という人は、「決断」の重要性をわかっていない。だからこそ、プロセスばかりに目が行ってしまう。

やってみたい仕事があって、ある資格の取得にチャレンジしている人を考えてみよう。試験勉強をするために早く帰宅するようにしているものの、やらないといけないことがいろいろあって、なかなか時間をつくれない。気づくとスマホで動画を見ていたり、だらだらとテレビを見てしまっていたりする。本やインターネットで「時間術」や「勉強法」についての情報を集めたりしているが、いっこうに試験勉強が進まない……。

こういう惰性を抜け出せない人に不足しているのも「決断」だ。102ページでも見たとおり、惰性でついやってしまう行動というのは、典型的なHave toである。だとすれば、やるべきことはシンプルだ。勉強時間確保の障害となっている惰性のHave toを捨てる「決断」を下せばいい。

たとえば、試験日までのスケジュール帳の毎晩20〜22時に「勉強」と書き込んで、「毎晩勉強している自分」をまず先取りしてしまおう。これが「現実」になったときのことを考えると、これまでどおり夕食づくりや洗い物・洗濯などに時間をとられているわけにはいかない。「どうすれば、これらのHave toから逃れられるだろうか？」という思考が進みはじめる。

また、テレビを見すぎてしまうなら、テレビそのものを廃棄するのもいい。これからは毎晩20～22時に勉強をしているのが「あたりまえ」の生活がはじまるのだから、その「新しい現実」のなかではテレビは必要ないはずだ。

この例でもわかるように、決断には一定のコツも存在する。典型的なのは、自分が「何かを決断した」「捨てることを決めた」という手応えが得られるような「儀式」や「イニシエーション」をセットにするというやり方だ。

「予定を書き込む」とか「テレビそのものを捨てる」といった行動は、「現状の外側」を先取りする効果があり、その未来への没入感を高めてくれる。自分が決断をした日にちを「記念日」として設定し、来年以降も同じ日にスケジュールを入れよう。1年後の今日に、「あの日を境に、自分の内部モデルが更新されたんだな」と振り返っている自分を想像してみよう。

儀式やイニシエーションには人に決断を促し、内部モデルを変更させる効果がある。結婚式を挙げた夫婦と挙げていない夫婦を比較すると、前者のほうが離婚率が低いというデータはご存じの方も多いだろう。

社員を昇格させたり異動させたりする際に、いまだに辞令を紙で貼り出したり、わざわざ任命状を手渡ししたり、全社員の前で就任のあいさつをさせたりする会社もあるだろう。これらは形骸化した慣習として馬鹿にされることも多いが、決断という観点からすると、一定の合理性はあると言える。

自分の名前の横に「課長」と書かれた名刺を渡されて初めて、脳は「どうやら自分は課長になったのか」と感じはじめる。

実現したい未来を先取りする認知環境をデザインすれば、脳はそれに合わせて内部モデルを調整しはじめる。これを繰り返していけば、自分で内部モデルを書き換えていくことも不可能ではない。

「雑用こそリーダーの役目だ」という考え方のワナ

捨てるべきHave toを洗い出し、それを捨てる決断を下したら、実際にそれらを手放していこう。

102ページでつくった「やっていることリスト」を眺めながら、それらの捨て方を考えていくといいだろう。「Have toを捨てる」とひと口に言っても、いろいろなパターンが考えられる。

- **そもそも必要がなく、放棄しても問題のないHave to**
- **自分がやる必要がなく、ほかの手段で代替可能なHave to**
- **自分がやる必要がなく、ほかの人に権限委譲できるHave to**
- **どうしてもやる必要があるが、Want toを感じられないHave to**

ここで重要なのは2つめと3つめだ。これは「捨てる」というより「任せる」と言ったほうがいいかもしれない。リーダーはつい「誰の仕事でもない雑務」を膨大に抱えがちだ。そのため、チームのなかの誰よりもHave toにまみれた状態になってしまう。自分で仕事を抱え込むのではなく、ほかに任せられる人はいないかを積極的に検討しよう。

なんでもかんでも、メンバー任せにすればいいということではない。とくに軸にすべきなのが「得意かどうか」という観点だ。ある特定の業務が苦手なら、それが得意な部下や仲間に権限委譲するようにしてみよう。その分、リーダーはHave toから解放されるし、メンバーもWant toに近い領域で能力を発揮できるようになる。結果的にチーム全体のエフィカシー向上にもつながるはずだ。

「人にあっさり任せてしまう」という傾向は、卓越した才能を持つ起業家にはよく見られるものだ。「自分は何でもできる」と思っている起業家は意外と少ない。むしろ、優秀な人ほど、「チームの力を借りないと自分は何もできない」と自覚している。だからこそ、誰かに丸投げしてしまうことにためらいがないのだ。

逆に、雑務を抱え込んでしまうリーダーは、心のどこかで「自分はこれが得意なのだ」と思ってはいないだろうか？　しかし、雑務処理やトラブルシューティングにしかエフィカシーを感じられないリーダーは、結果的にはチーム全体のエフィカシーを低下させることになる。リーダー自身がHave toを振り切って、Want toに向かって突き進む姿勢を見せる必要がある。

仕事を任せる先は、人間だけとはかぎらない。いまやＡＩ（人工知能）などの精度もかなり上がっているからだ。しかも現代においては、業務のまるごと全部をＡＩで代替する完全なオートメーションよりは、ワークフローの一部にＡＩを組み込んで人間との協働を果たす「**ヒューマン・イン・ザ・ルー**

プ（Human-in-the-Loop）」のようなモデルが一般的になっている。このトレンドがさらに加速していけば、人々が抱えているHave toは、ますます手放しやすくなっていくだろう。このあたりは堀田の前著『ダブルハーベスト――勝ち続ける仕組みをつくるＡＩ時代の戦略デザイン』（尾原和啓氏との共著、ダイヤモンド社）を参照されたい。

最後に、なかなか捨てるのが難しい（それにもかかわらずWant toを感じられない）Have toもいくつか手元に残るだろう。そういうときは、その仕事の意味合いを自分なりに変換できないかを考えてみるといい。たとえば、あまり思い入れのないプロジェクトのリーダーに選ばれてしまった人を考えてみよう。彼女は、プロジェクトが目指すものには面白みを感じられないが、人の成長には強い関心があるとする。もしそうなのであれば、メンバーとして参加することになった後輩の成長機会として、このプロジェクトをとらえ直してみればいい。そうすることで、この仕事自体も純粋なHave toではなくなる。

重要なのはHave toを捨てることそのものではなく、自分の周囲をWant toで満たすことだ。その意味では、「Have toをWant toに変換する」というテクニックも、Have toを捨てていくうえでは非常に有効である。

認知を「リバウンド」させない工夫──アファメーション

たとえいったん決断を下して、これまでのHave toを捨てられたとしても、必ずしも安心はできない。あなたが「それまでの現状」に没入していたのは、社会のなかにそれを強いるような圧力が存在しているからだ。VRが生み出す仮想世界の臨場感が、ゴーグルを外した途端に消えてしまうのと同じように、真のWant toによって生み出した「新しいゴール世界」の臨場感は放っておけば次第に薄れていき、「元の現実」へのホメオスタシスが復活してしまうことがある。

これを避ける意味でも、「現状の外側」への没入を維持する工夫が必要だ。よくあるのが「決断を他人に宣言する」「ゴールを復唱する」などの行為だ。それ以外にも、「目標を紙に書いて、部屋の見える場所に貼っておく」というよくあるやり方も、「現状の外側」への臨場感を維持する手段として一定の有効性がある。自分の決断をあえて口に出して語ったり、文字として視覚化したりすれば、「その未来があたりまえにやってくる」という認知モデルが脳内で強化されていくからだ。

経営者が自社の経営理念を社員に繰り返し語ったり、スタートアップの起業家がいわゆる「ピッチ」で自社の未来像を投資家に向けてプレゼンしたりするのにも、同じような効果が認められる。これらは本来、他者を自分のゴール世界に巻き込むことを目的としたアクションではあるが、「自分が実現したい世界」を何度も語り、その言葉を磨き上げていくうちに、ほかでもなく当人がその世界への没入度を高めていくことになる。

それ以外におすすめな方法が「**アファメーション**」だ。アファメーションとは、ゴール世界への没入を一発で呼び起こす言葉である。

それを唱えることでゴール世界への没入が高まるなら、どんなフレーズでもかまわない。それを決めたら、ふだんの身の回りにその言葉を埋め込んでいこう。

たとえば、「プロフェッショナルのマーケターとして活躍したい」という想いを持っている人であれば、PCのログインパスワードを「iamamarketinggenius」と設定してみるのはどうだろうか。すると、PCを開いて何か作業をはじめるたびに、毎回、「私は天才マーケターだ」と自分に言い聞かせることになる。

頭のなかで想像を膨らませるだけでなく、無自覚のうちに行っている日常のルーティンのなかにアファメーションを組み込んでいこう。リアリティを感じるプロセスにおいて、脳はそれが現在のことなのか、未来のことなのかを区別しない。「現状の外側」があたりまえになるような認知環境をデザインし、自分の内部モデルをゴール世界にできるだけ近づけていくのだ。

逆に、ゴール世界への没入を妨げるような要因は、なるべく遠ざける必要がある。「現状の外側」にあるゴールを設定したとき、あなたのまわりには「そんなことできるはずがない」「そんなゴールは現実的じゃない」という「アドバイスもどき」をしてくる人が現れるかもしれない。コーチングの世界などでは、こういうキャラクターは「**ドリームキラー**」と呼ばれ、敵視されている。

エフィカシー・ドリブン・リーダーシップにとっても、ドリームキラーはできるかぎり遠ざけるべき存在だ。彼らの「助言」は、新しいゴール世界への没入を邪魔して、元のホメオスタシスが猛威を振るう世界に引きずり戻す作用を持つからだ。

以上のプロセスを丁寧に実行していけば、あなたの人生を通底する「真のWant to」が少しずつ顔を出してくる。「これのためになら、いくら時間を費やしてもいい！」「本当はずっとこれをやりたかったのだ！」――心からそう思えるものは、誰にでもある。ただ、これまでのあなたは、それに目を向けられないでいただけだ。そして、その「真のWant to」を見つめているあいだだけは、「これならやれるかも……」「自分にもできる気がする……！」というわずかな手応えが感じられるのではないだろうか？

その感覚こそがエフィカシーだ。最初はどんなに小さな種火でもかまわない。あとはそれを大きく育てて、さらにはチーム・組織に広げていきさえすればいいのだ。

次はそのための準備プロセスに入っていくとしよう。

□あなたが抱えているHave toを3つ、他人に任せるとしたら？
□小さなことでかまわないので、何か1つ捨てる決断をしよう。どんな「儀式」とセットにすると、その決断は後押しされるだろうか？
□自分のための「アファメーション」のフレーズを考えてみよう。日常のどんなところに埋め込むと忘れないだろうか？

第4章

パーパスを「自分ごと化」する

なぜ現場のマネジャーにこそ「組織のパーパス」が有用なのか

決断によってHave toを捨て、「真のWant to」に臨場感が移れば、高い熱量と高いエフィカシーを保ち続けられるようになる。これは言い換えるなら、「自分が自分のリーダーとなった状態」である。

個人事業主やフリーランサーとして生きている人であれば、ここまでの内容で十分かもしれない。しかし、あなたが組織に所属するリーダーであり、複数の人を動かしていく立場にある場合には、個人のWant toを駆動力にするだけでは足りない。「組織が実現したい未来」と「個人が実現したい未来」との接合点を探り、そこを「現状の外側」のゴールとして設定していくプロセスが不可欠だ。

なぜだろうか？　まずはこの点について見ていくことにしよう。

会社は本来、「現状の外側のゴール」を持っている

企業や組織は一定の目的を持って存在している。たとえそれが覆い隠されたり埋もれたりして、表面からは見えなくなってしまっているとしても、根底には「こんな未来が実現するといいな」という未来像がある。

これが組織に内在する「真のWant to」である。組織が思い描く未来が単なる構想の域を出て、明確に「現状の外側」のゴールとして設定されたとき、それは**パーパス**（Purpose）と呼ばれる。

経営とは、手元にある全リソースを活用して、パーパス実現に向かう活動である。そのリソースのうち、最も大きなウエイトを占めるのが人的資源（Human Resource）だ。リーダーの役割は、組織内の人的資源を動かすことで、パーパス実現に寄与することである。

その際に有効なのが、内因的な原理を軸とする「エフィカシー・ドリブン・リーダーシップ」だった。これは、各人の内部モデルの基準点を「現状（Status quo）」から「現状の外側にあるゴール世界」へとシフトさせ、心理的ホメオスタシスが働くベクトルを書き換える。ゴール世界への臨場感が高まった結果、個人およびチームのエフィカシーも高まり、外的刺激がなくても自然に行動変容が起こる。

このとき設定される「現状の外側」のゴールは、ただただ「個人のWant to」に根差してさえいればいいかというと、じつはそうではない。個人が本音中の本音で実現を望むWant toとは、その人がもともと持っている根源的な価値観である。組織やチームのなかで働くメンバーそれぞれが、個人の価

値観だけを参照点にすれば、当然のことながら組織は崩壊する。各人の行動が統一的な方向を持たず、勝手にやりたいことをやっているだけになってしまう。

そこで役に立つのが、「組織のWant to」に根ざすパーパスである。パーパスは、Want toに基づいた個々人の行動を方向づける働きを持つ。

このとき必要なのは、「組織が実現したい世界」と「個人が実現したい世界」とが重なる部分を見出し、それを個人のゴールとして設定していくことだ。「個人として何を成し遂げたいのか」を明確にしたうえで、所属組織の掲げるパーパスと重なる部分を見つけ、それを「個人のゴール」に変えていくわけだ。このように、組織のパーパスを各人の価値観に合わせてパーソナライズするプロセスを、本書では「**パーパスの自分ごと化**」と呼ぶ。

優秀なリーダーは「経営理念」を役立てる

組織のパーパスは、このように「個人のゴール」に落とし込まれないかぎり、それ自体としては無価値である。たとえば、経営者がどれほど真剣に未来像を追い求めて、「これこそが当社の存在意義だ」と言えるようなパーパスを生み出したところで、それが経営者自身や会社のメンバーによって体現されていないなら、そのパーパスはやはり「絵に描いた餅」であり、どこまでも単なる「お題目」でしかない。企業のパーパスが「生きたもの」になるには、各メンバーがそれを「自分ごと化」していくプロ

図4.1 パーパスの「自分ごと化」とは

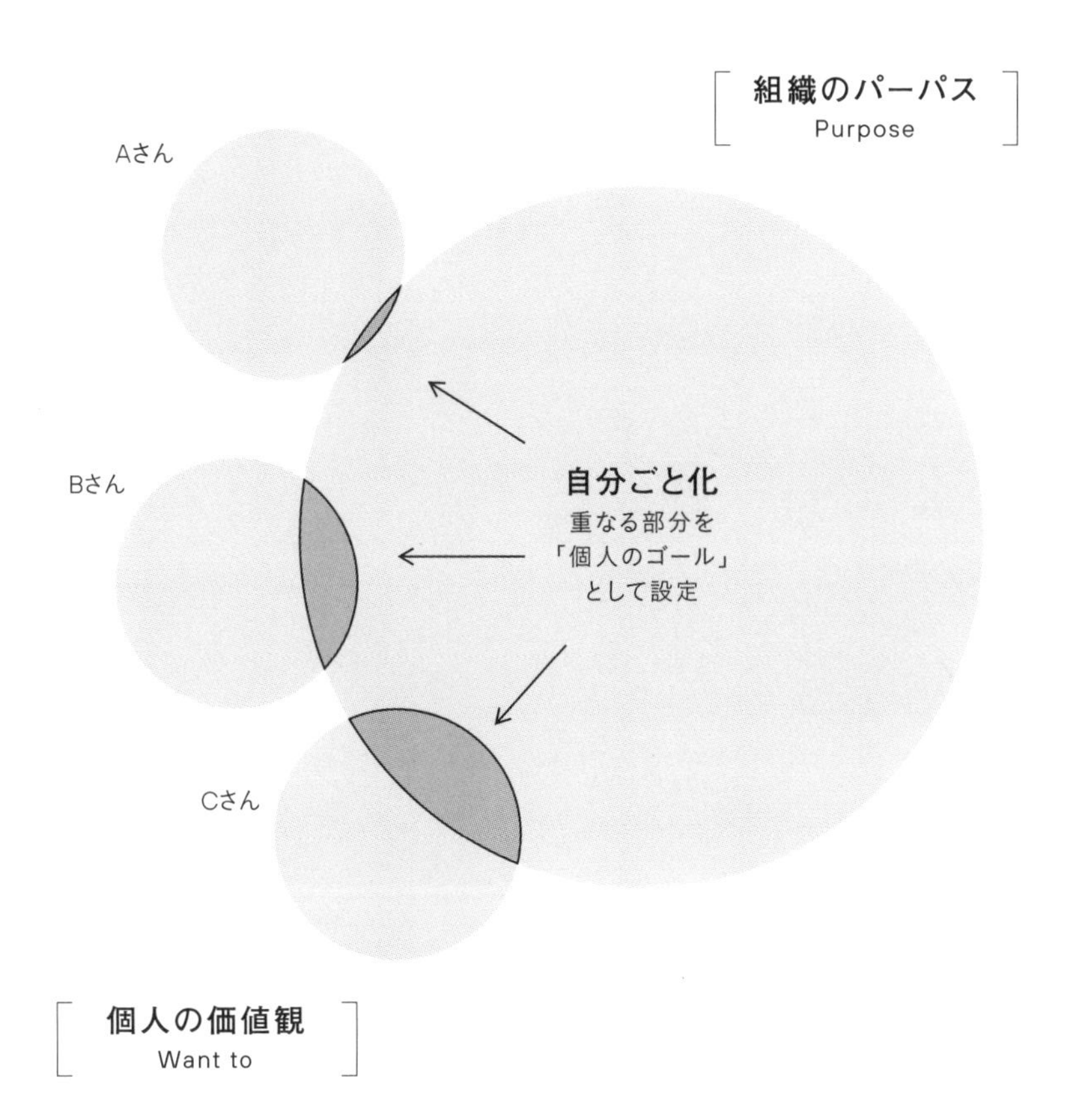

組織と個人それぞれの「実現したい未来」の接合点を探り、
それを「現状の外側」のゴールとして設定していく

セスが不可欠なのだ。

パーパスの自分ごと化は、リーダーの抱える最も大きな仕事の1つだ。とはいえ、いきなりチームや組織に所属するメンバーをつかまえて、「パーパスを自分ごととしてとらえよう!」と呼びかけたところで、それが功を奏することはないだろう。

チームを自然に生まれ変わらせるリーダーシップ実装には、大きく2つのフェーズがあった。

フェーズ① リーダーがゴールを発見し、それに対するセルフ・エフィカシーを高める
フェーズ② チーム内のメンバーにゴールを設定し、それに対するエフィカシーを高める

何度も繰り返すようだが、まず大切なのは、リーダーであるあなた自身が「パーパスの自分ごと化」の範となることだ。自分自身の「真のWant to」を「組織のパーパス」と結びつけるとはどういうことなのかをみずから体現し、個人のゴールに向かって動くことの魅力を、メンバーに示してみせる必要がある。

このとき大切なのが、前章で見てきた「Have toを捨てる」である。リーダー当人がHave toでがんじがらめになっているようでは、メンバーに「パーパスの自分ごと化」を促すことなどとてもできないからだ。自分のタスクで身動きが取れないリーダーに、「きみ自身がやりたいことは?」「会社のパーパスと重なる部分は?」などと問われても、部下はまともに答える気にはならないだろう。これではメンバーの内部モデルも書き換わらないので、当然ながら行動変容も望めない。

そこで本章では、あくまでリーダー自身が「パーパスの自分ごと化」を行うために必要なことを見ていきたい。Want toをパーパスへと統合するためには、どんなプロセスが必要なのだろうか？

「できる」にしがみつかず、「やりたい」の極地を目指す

「パーパスの自分ごと化」には大きく4つのステップが考えられる。

ステップ①　自分のWant toを「現状の外側」に飛ばす
ステップ②　組織のパーパスを確認する
ステップ③　組織のパーパスと自分のWant toとの共通項を見つける
ステップ④　共通項を自分だけのフレーズに変換し、臨場感を高める

ステップ①については、前章の内容とかなり重複するので、もはや詳しい説明は不要だろう。あえて指摘するとすれば、単なる表層的なWant toで満足するのではなく、「現状の外側」にある極端なWant toを取り出せているかに注意してほしい。たとえば「たっぷり眠りたい」というのは、たしかに「個人として実現したいこと」かもしれないが、たまたまHave toに邪魔されて実現していないにすぎない。その気になればいつでも実現できるものだ。

また、いますでに実現しているものだけが「現状」であるわけではない。「現時点の活動を継続していれば、近い将来、高い確率で実現されるであろうこと」は、すべて「現状」の範囲内にとどまっている。毎月5万円を貯金している人にとって「100万円を貯める」という未来は、「現状」そのものである。2年足らずでそのゴールを達成することは目に見えているからだ。

このステップ①で掲げるWant toは、できるかぎり「途方もないもの」にしてみてほしい。「実現可能かどうか」は一切考える必要はない。「こんな状態をどうしても実現したい！」「絶対にこんな世界になってほしい！」という感情だけは湧き上がってくるが、どうすればそこに到達できるのかが全然わからないような理想状態こそが、心理的ホメオスタシスを乗り越えるカギになる。

「業界トップになる」がパーパスと呼べないワケ

以上のポイントに注意したうえで、ステップ②「組織のパーパスを確認する」に入っていこう。近年でこそ、理念経営が再注目されるようなトレンドがあるものの、ふだんから企業のミッション、ビジョン、バリューといったものを意識しながら働いている人はごくわずかなはずだ。所属企業がどんなビジョンを持っているのか知らない、覚えていないというケースが大半だろう。

したがって、まず大事なのは「組織のパーパス」を明らかにすることである。「自分ごと化」以前に、自分たちが属している組織はどんなパーパスを持っているのかをつかむのだ。

図4.2　パーパスの自分ごと化の4ステップ

[ステップ① Step 01] 自分のWant toを「現状の外側」に飛ばす

[ステップ② Step 02] 組織のパーパスを確認する

[ステップ③ Step 03] 組織のパーパスと自分のWant toとの共通項を見つける

[ステップ④ Step 04] 共通項を自分だけのフレーズに変換し、臨場感を高める

「個人のWant to」しかないチームは崩壊しやすい。
組織のパーパスがあって初めて、リーダーシップが機能するパーパスの根底には、組織にとっての「実現したい未来」があると言ったが、それは中期経営計画などで策定される目標ではないし、ましてや年度ごと・四半期ごとの売上目標でもない。それらはあくまでも経営進捗を管理する数値目標にすぎず、「そのために企業が存在している」と言えるようなものではないはずだ。「当社は3年後に売上総額100億円を実現するために創業された」と言われても、そこに納得感を抱く人はまずいないだろう。

同様に「○○業界における売上ナンバー1を目指す」とか「××商品マーケットでトップシェアを獲得する」などもパーパスとは言えない。ここで問われているのは、「売上ナンバー1」とか「トップシェア」を獲ることで、どのような未来を実現したいかだ。売上とかシェアは、その究極的な目的を遂行するうえでの手段にすぎない。

そう考えると、やはり企業のパーパスを知るうえでは「経営理念」がうってつけだ。ウェブページや社史などで改めて自社のミッションやビジョンを確認してみよう。経営理念に込められたニュアンスがつかみきれなかったり、そもそもまとまった資料がなかったりする場合には、社歴の長い同僚や経営陣に直接聞いてみるのもいいだろう。

- 自分が所属している組織は、どんな「現状の外側」を志向しているのか？
- どんな未来像を理想として持っており、どんな価値観を持っているのか？
- そもそもその組織の存在意義は何なのか？
- その会社がなくなることで、世の中からはどんな価値が失われるのか？

こうした問いを考えてみながら、「組織のパーパス」の奥行きを理解していこう。経営理念に書かれた言葉（ステートメント）で思考を止めるのではなく、経営者がその言葉に込めた意味を自分なりに解釈していくようにする。

なかなかうまくいかないようなら、自社の経営理念について同僚らと対話してみるのもいい。「自分はこういう意味だと思うのだが、あなたはどう思うか？」といった意見を交換し合うだけでも、パーパスの自分ごと化はかなり促進される。この段階ですでに、自己のWant toと重なり合うポイントが見えてくる人もいるかもしれない。

- □あなたの所属する組織は、どんなパーパスを持っているだろうか？
- □あなたの周囲で「組織のパーパス」を最も体現している人物は誰だろうか？
- □あなたの所属する組織がなくなると、悲しむ人はいるか？　世の中から何が失われるか？

「小さな理想」と「大きな欲望」を重ね合わせる

組織のパーパスを確認したら、自分の真のWant toとの共通項を見定めていこう。これが自分ごと化へのステップ③「組織のパーパスと自分のWant toとの共通項を見つける」にあたる。

組織が目指している未来と、個人が願う未来が完全に一致している必要はないし、そもそもそんなことはまずあり得ない。何か1つだけでいいので、「ここに関しては、私の本音と会社の本音が重なっている」と言えるものが見つかりさえすれば、それで十分なのだ。

組織のなかにパーパスと呼べそうな何かが見つかったら、今度はそれをあなた自身のWant toとすり合わせてみよう。これについては、具体例に則して見ていくほうがわかりやすいだろう。

働く意味がわからなくなったリーダーの話――「自分ごと化」の全プロセス

とあるＩＴベンチャーの法人営業部で、製造業担当のマネジャーとして活躍している30代後半の男性がいるとしよう。彼は仕事そのものにはやりがいを感じており、実際すばらしい業績をあげ続けてきたが、ここ半年くらいなんとも言えない閉塞感に苛まれていた。会社の数字は毎年右肩上がりを続けている。最初は頼りなかった部下たちも、少しずつ成長しているようだ。これまでどおりやるべきことをやり続ければ、職位も収入もそれなりに上がっていくだろう。

「だけど……それがどうしたと言うんだろう……?」

外因的な働きかけの効果が薄れてくると、人はこういう想いにとらわれるようになる。これまでの自分がなぜあんなにがんばっていたのか、なぜこれからもがんばり続けなければならないのかがわからなくなる。こういうときこそ、エフィカシー・ドリブン・リーダーシップの出番だ。

そこで、彼の内奥にある価値観を探っていくと、その根底には「ものをつくる人たち」へのリスペクトが見えてきた。彼の祖父は小さな工場を経営しており、幼いころから現場で奮闘する祖父の姿を見てきたからこそ、製造業が「斜陽産業」などと言われている現状にずっとフラストレーションを感じていたのだ。ものづくりに携わる人たちをサポートし、彼らに誇りを取り戻してもらうこと――それが彼の根底にある真のWant toらしかった。自分でも意識していなかったが、彼はそうしたバックグラウンドを持ちながら、たまたまメーカーの担当営業を任されていたのだ。

一方、彼が所属するITベンチャーは、「DX（Digital Transformation）で日本企業を進化させること」をパーパスとして掲げていた。もちろん、同社の顧客は製造業者だけではないので、会社としてのパーパスは、彼自身のWant toと完全に一致しているわけではない。しかし、両者がまったく相容れないかというと、そうではない。

製造業がDXに成功すれば、時代の流れに飲み込まれて沈下するのを避け、さらなる成長を続けられる。彼が自社製品のセールスを通じて、クライアントである製造業の復活を後押しすれば、それはやがて「ものづくりに携わる人たちの誇り」にもつながるだろう。まさにこの点において、組織のパーパスと彼のWant toは交差しているのだ。

こうして彼は、「DXを通じてものづくりに携わる人たちの誇りを取り戻す」を自身のゴールとして設定することになった。これは会社が望む未来であると同時に、彼自身が心から望む未来でもある。

ここで語られているのは、単なる妄想や憧れではない。彼はすでにこのゴール世界に臨場感を抱きはじめており、「ものをつくる人たちがリスペクトされている世界」こそが彼の内部モデルにとっての「現実」になりつつある。要するに「見える風景」がガラリと様変わりしているのだ。そんな未来に対し、「実現できる／できる気しかしない」という高いエフィカシーを獲得した彼は、この先も熱量を失わずに働き続けることができるだろう。

いかがだろうか？　以上が「パーパスの自分ごと化」の全体像だ。

組織のパーパスと個人のWant toをマッチングすれば、組織としての統一的な方向づけを失うことなく、各人に圧倒的な行動変容を促していける。

チーム内のメンバーそれぞれに対して、このような「自分ごと化」をサポートしていくのがリーダーの仕事だ。それさえやってしまえば、あとはやることはないと言ってもいい。各メンバーはそれぞれの「熱源」を己の内に持ったまま、パーパスの実現に向けて各々の行動を起こすようになる。

しかし、ここでも繰り返すが、まず「自分ごと化」を試みるべきなのは、リーダー自身だ。リーダーが自分のWant toと組織のパーパスとの折り合いを見出せていなければ、チーム内で「パーパスの自分ごと化」を進めることはできない。

会社に「理念らしきもの」がないとき——危険な「自分ごと化」パターン

他方、このような「自分ごと化」のプロセスを説明したときに、よく聞かれるのが「そもそもウチの会社には、パーパスらしきものがないんですが、どうすればいいでしょうか？」という質問だ。

日々の業務のなかで、会社のパーパスを意識する機会はまずない。経営者がよほど頻繁にミッションやビジョンを発信しているのなら別だが、ほとんどの組織においては自社の「存在意義」が語られることなど、まずないだろう。だからこそ組織のパーパスは、埋もれて見えなくなっている。これは、個人の真のWant toが、日々のHave toによって覆い隠されてしまっているのと同じだ。組織にも膨大なHave toが存在し、その根本的な価値観は忘れ去られている。

とはいえ、このようなケースはさほど問題ない。しかるべき「発掘」の作業をすれば、企業のパーパスらしきものは見えてくるはずだからだ。

もっと厄介なのは、そもそも企業がパーパスを持っていないケースである。これでは個人のWant toと組織のパーパスを重ね合わせられない。しかし、パーパスを持たない組織は現に存在している。たとえば、いわゆる総合商社はパーパスと呼べるものを持たない傾向がある。総合商社というビジネスは、その時代環境にみずからを適合させながら儲かる領域で儲けるというスタイルを取るので、固定的なパーパスを設定することがかえってリスキーだと見なされるのだろう。

また、外的な事情によって設立された半官半民企業なども、明確なパーパスが存在しないことが多い。もちろん、ウェブページなどを見れば、広告代理店に依頼してつくらせたような、もっともらしいステートメントが掲載されてはいるが、経営陣も含めて誰も思い入れを持っていないケースがほとんどではないだろうか。つまり、誰からも「自分ごと化」されていない、まさしく「絵に描いた餅」状態のパーパスもどきだ。

パーパスがない組織で働く人たちは、気の毒だがパーパスを「自分ごと化」しようがない。こういう会社でリーダーとして働く場合、個人のWant toに基づく内因的な原理を導入するのは、それなりのリスクを伴うだろう。要するに、各人がバラバラにやりたいことをやるだけで、組織としてのまとまりをつくることは難しいからだ。どうしてもチームの統率が必要であれば、「アメとムチ」方式の外因的なリーダーシップを採用するしかない。

長期的に見れば、こういう組織からは人が離れていく。いくら業績や待遇がよくても、働く人たちには、その組織に所属し続ける「意味」が見当たらないからだ。だからこそいま、組織パーパスの見直しが、経営レベルでの急務になっている。

他方、「物事はとらえ方しだい」とも言える。組織のパーパスが存在しないのならば、働く人々はわざわざ組織の価値観とのすり合わせをしなくて済むからだ。「儲かるならば何をやってもOK！」「面白ければすべてよし！」という〝自由な組織〟に魅力を感じる人もいるだろう。そもそも組織としての統一的な方向づけが不要だという企業があり得るなら、あえてパーパスを掲げることはせず、「ひたすら各人の好きにさせる」という戦略も成立し得るかもしれない。

ただ、いくら企業や組織に明確なパーパスがなくても、「上司のパーパス」に自分のWant toを結びつけるのはやめたほうがいい。日本のサラリーマン社会には、「この上司にはずっとお世話になってきた。この人にどこまでもついていこう！」と考えてしまう人たちが一定数いる。

しかし、こうした属人的な「自分ごと化」はおすすめできない。持続性がないからだ。仮にその上司が転職なり異動なりで目の前からいなくなってしまったら、いったいどうするのだろうか。それを考えれば、「特定の個人のゴール」に自分のWant toを重ね合わせることのリスクがわかるはずだ。尊敬できる上司と巡り合えたのは喜ばしいことだが、自分のゴールは他者とは切り離して考えよう。

五感を駆使して「最高の世界」を思い描く

組織のパーパスを確認し、自分のWant toとの共通項を見つけただけでは、「パーパスの自分ごと化」は完了しない。最後に必要なのがステップ④「共通項を自分だけのフレーズに変換し、臨場感を高める」である。このプロセスを通じて、みずからが設定したゴールに対して臨場感を高めていかねばならない。

組織が実現しようとしている未来と、自分が本音で望んでいる未来が重なる部分が見えてきたら、それを「自分だけの言葉」に言い換えてみよう。「現状の外側」にあるゴールへのリアリティを高めるには、まずゴールそのものの輪郭をはっきりさせる必要がある。

先ほどの製造業担当の営業マネジャーの例で言えば、「DXを通じてものづくりに携わる人たちの誇りを取り戻す」が、彼のオリジナルなフレーズであり、彼のゴールだ。あくまでも自分のなかでの臨場感を高めることが目的なので、どんな言葉でもかまわない。とにかく、事あるごとに参照できるような、決まったフレーズにしてしまうのがいいだろう。

言葉を決めたら、ゴール世界への没入を促すためのさまざまな工夫をしていく。136ページ以下で紹介したような、未来の認知を「先取り」する方法（紙に書いて貼る、他人に話す、アファメーションなど）も、内部モデルの変更を起こすうえでは有効だ。

もう1つ有効なのが、個人のゴールが実現された世界をありありと思い描くことだ。脳にとっての臨場感はロジックを超えている。「こういうデータがある。こういう環境がある。こういう資源がある。だから……」というエビデンスをいくら積み上げたところで、ゴール世界には没入できない。そもそも、そのゴール世界は「現状の外側」にあるのだから、どうやれば到達できるのか、さっぱり見当もつかないものであるはずだ。

ゴール世界に対する臨場感を高めるには、ロジックを超えて、五感レベルでの整合性をつくり込んでいく必要がある。そのためには、空想でかまわないので、ゴール世界を徹底的に鮮明に思い描いていくべきだ。表象内部での整合性が取れていれば、脳はその世界に現実らしさを認めるようになる。

このときのポイントは、視覚的な情報だけでなく、聴覚や体性感覚その他も含めた、なるべく多様な感覚情報（マルチモーダル）をイメージすることである。詳細に至るまで、想像を膨らませて状況を鮮明に浮かび上がらせていくと、ゴール達成へのエフィカシーは際限なく強化されていく。

- 自分のゴールを実現させたとき、朝どんなふうに目覚めるだろう？
- どんな服を着ていて、何に乗ってどこに向かうだろう？
- 誰と喜びを分かち合っている？　どんな表情をしている？
- 周囲はどんな雰囲気だろう？　音楽は流れているだろうか？
- そのあと何を食べに行く？　その料理はどんな匂い・味がする？

「DXを通じてものづくりに携わる人たちの誇りを取り戻す」というゴールを持つ人であれば、単にそのフレーズを心のなかで唱えるだけでなく、実際に彼らが満面の笑みで喜んでいる姿を想像してみる。その想像が具体的であればあるほど、当人の行動は大きく変容していくだろう。

まず「自分自身のリーダー」になろう

さて、ここまでが内因的な原理によってチームを動かすために、リーダーがまずやるべきことのすべてだ。

決断によってさまざまなHave toを捨てることで、自分の本当の価値観（Want to）に目覚め、それを組織のパーパスと重ね合わせてみる。そこから見えてくる「現状の外側」のほうに臨場感の軸をシフトさせていき、その個人のゴール世界に対して「実現できる気がする／できる気しかしない」という認知を構築していく。

こうやって、自分と組織の双方にとって望ましいゴール世界に対して、然るべきセルフ・エフィカシーを獲得できたとき、あなたは組織やチームのリーダーである以前に、「自分自身のリーダー」になることができる。

これこそが、リーダーシップにとって何よりも重要なことなのだ。

自分の人生にオーナーシップを感じられない人間が、他者のリーダーになれるだろうか？

自分を内面から導けない人が、他者の内面を導けるだろうか？

そんなはずはない。まず変わるべきはリーダー自身だ。

だから、リーダーとしての現状に疑問を感じたら、何度でも自分にこう問い直してみてほしい。

「私はいま、自分自身のリーダーであることができているか？」

□組織のパーパスとあなた自身のWant toは、どんな価値観を共有しているだろうか？
□組織のパーパスも踏まえた、あなた自身のゴールを短いフレーズに落とし込んでみよう。
□あなた自身のゴールが実現されたとき、周囲に広がっている景色や音、空気などをありありと想像してみよう。

第5章

メンバー全員 Want to

「メンバーがやりたいこと」との正しい向き合い方

「部下にやる気が感じられない……」
「上司から言われたことしかやらない……」
「職場全体がなんとなく冷めている……」

覚えているだろうか？　これらは、本書の冒頭に掲げたリーダーたちの心象風景だ。
こうした状況に「あるある！」と共感を覚えていた人たちも（また、そうでない人も）、認知科学のパラダイムで人の行動をとらえられるようになったいま、当初とはまったく違った世界が見えているはずだ。

みんな「自分なりに」がんばっている

「たるんでいる」「サボっている」——そんなふうに見えていたのは、リーダー自身の認知モデルが「やる気」にとらわれていたからだ。チーム内に「熱量の高いメンバー」と「熱量の低いメンバー」が生まれるのは、一方に「やる気」が溢れていて、他方に「やる気」が欠けているからではない。

熱量が低いように見えるメンバーは、言われたことをそれなりにこなす「現状」に没入しきっており、「自分が積極的に行動を起こす世界」のほうに臨場感を抱けていないだけだ。

「私は私なりにがんばっているんですよ！」

「ぼくだってできるかぎりやっています！」

これが彼らの本心だ。たしかに彼らは〝私なり〟に〝できるかぎり〟の仕事をしている。それは完全に正しい。決して「サボってやろう」「手を抜いてやろう」と思っているわけではない。現時点での彼らの内部モデルからすれば、それくらいの仕事レベルで満足するのがあたりまえだし、何が問題なのかがさっぱりわからないのだ。

だから、「どうしてもっと熱意を持てないのか！」「仕事への責任感が足りない！」といったリーダーの注意は、彼らにはまったく届かない。「なぜうまくいかなかったと思う？」「気になっていることをなんでも言ってみて」といった声掛けも、なんの効力も発揮しない。リーダーがしつこく言葉を投げかけるほど、彼らは「自分なりにがんばっている世界」に引きこもっていく。

集団的エフィカシー実現の3ステップ

いきなりメンバーの行動を変えようとしてはいけない。リーダーにやれるのは、彼らが見ている「景色」を変えることだ。そのための第一歩が、まずリーダー自身が「現状」への埋没状態から抜け出し、個人としての「真のWant to」を組織のパーパスに重ねていくことだった。

リーダーがHave toにとらわれていれば、その姿勢はメンバーに伝播していく。「リーダーである私がこんなに我慢しているのだから、みんなにもこれくらい耐えてもらわないと……」という暗黙のメッセージはメンバーに広がり、Have toにまみれたチームが出来上がっていく。だからこそ、まずリーダー自身が「自分だけのゴール」にのめり込んでいなければならない。

これは、数値目標の必達を盲目的に追い求める「社畜上司」や、やる気とか情熱をいたずらにアピールする「熱血上司」とはわけが違う。「業界トップを目指そう！」「オレの背中を見てついてこい！」などと言ってみたところで、そんな言葉に感化される部下はいまどきもういないと思ったほうがいいだろう。

そうではなく、「現状の外側のゴール」にエフィカシーを抱くとはどういうことか、なぜそれが圧倒的な行動へのドライバーとなるのかを、リーダーがみずから体現して周囲に見せていくしかない。それがチームを生まれ変わらせる土台となる。前章までの内容は、すべてその一点を目がけていた。

そしていよいよ今度こそは、それぞれのメンバーたちが、そしてチームや組織が変わる番だ。リーダー自身が体験した（あるいは、体験しはじめている）変革のプロセスを、彼らのなかにも巻き起こしていかなければならない。それがリーダーとしての次なる役目である。

問題は、それをどのようにサポートしていくかである。ここにも大きく3つの段階が考えられる。

ステップ① 自分自身の真の Want to に気づかせる
ステップ② 組織のパーパスを自分ごと化させる
ステップ③ ゴールへのエフィカシーを高めていく

一目瞭然だが、メンバーたちに必要なことも、リーダーのそれと変わりはない。ベーシックな部分についてはすでに伝えたとおりなので、ここからはメンバーのエフィカシーを高めていくプロセスにおいて、とくに注意すべきことに的を絞って解説していきたい。リーダーがこの点を誤ると、メンバーの内部モデルはますます Have to でがんじがらめになり、現状維持マインドを強化してしまうことにもなりかねない。

こうした罠を回避しつつ、チームのメンバー全員が本音中の本音で「やりたい」と思えることと向き合えている「**メンバー全員 Want to**」の状態を実現していくには、どうしていけばいいのだろうか？

なぜ「部署飲み」は、リーダーシップにとって無意味なのか？

マネジャー職の立場にある人が、チームに所属するメンバーのWant toを引き出していく際には、実際いくつかのハードルがある。自分の価値観を上司の前でさらけ出せる部下は、かなりかぎられているだろう。意識的か無意識的かはさておき、部下はどうしても「上司が求めていること」を答えようとしてしまう。

ここにこそ「他者のWant to」の探索に固有の難しさがある。メンバーが心から「実現させたい」と願っていることを知るには、しかるべき手続きを踏む必要がある。

よくあるのが、チームでの飲み会だ。部署のメンバーが疲弊しているのを感じ取ったリーダーが、部下たちを誘ってお酒や食事を共にする。場合によっては、リーダーが会計を負担することで、みんなを〝労っている〟かのような演出がされるときもある。アルコールが入ることで、その場にはなんとなく和やかな雰囲気が生まれるし、ふだんは聞けないような「本音らしき」発言が飛び出すかもしれない。ひょっとすると、自分の夢を熱く語るリーダーもいるだろう。

だが、こうした飲み会によって、疲弊しきっているメンバーが「真のWant to」に目覚めることはあり得ない。翌日になればいつもの仕事が待っており、誰もが何もなかったように同じ働き方をすることになる。

これはチーム全体にも心理的ホメオスタシスに似た力が働いているからだ。いくらリーダーが自身の熱を撒き散らしても、メンバーたちのネガティブパワーには打ち勝てないだろう。「1対多」の構図になってしまうと、リーダーは彼らの現状維持マインドの波に太刀打ちできない。ジョブズのように周囲に対して強烈な「現実歪曲フィールド」を持っている人間は別として、ふつうのリーダーがメンバーと向き合うときは「1対1」が基本だ。

同じ理由から、単発の研修や合宿というのも、効果的とは言えない。とにかく「1対多」の構図において、メンバーの内部モデルを一発で変えようとしても、まず間違いなく失敗すると思っておいたほうがいいだろう。

また、お酒の場も適切とは言えない。嘘やごまかしをしないで内面の価値観を掘っていくためには、あくまでも素面の状態でお互いに向き合う必要がある。アルコールに酔った状態では、内部モデルの書き換えなど期待できないからだ。

以上を考えると、メンバーのWant toを引き出す場面としては、やはり「1 on 1」形式の面談が理想だろう。そのときの会話内容は基本的には2人のあいだかぎりのものとして、会社や同僚にもオフレコになっているのが望ましい。そういう意味では、プライバシーの確保された空間や、オンライン・ミーティングを活用することになる。

自分ごと化の「波及プロセス」をデザインする

自分がリーダーとして率いているチームのメンバーが20人以下であれば、それぞれのメンバーとの1 on 1を定期的に繰り返していくことができるだろう。

他方で、多数の社員を抱える経営者であったり、数十人単位の事業部の責任者だったりすると、さすがに全員と1 on 1を行うのは現実的ではないかもしれない。この1 on 1自体がリーダーのHave toになってしまっては本末転倒だ。

そういうときは、まず職位の高いメンバーから優先的に着手していくようにしよう。経営者であれば、ボードメンバーや事業部長クラスとの1 on 1を行い、彼らがどんなHave toにとらわれながら、心の奥底にどんな価値観を持っているのかを探索していく。部長クラスの人であれば、主要な管理職メンバーだけに絞り込んで、1人ずつと話をしていくといいだろう。

それを通じて、彼らのなかにも「エフィカシーの内燃機関」が備わってきたら、今度は彼らのほうが部下との1 on 1のホストになっていく。彼らが受けてきたのと同じセッションを、自分の部下たちに対しても再現して、それぞれのメンバーの「Want to発見」から「パーパスの自分ごと化」に至るまでをサポートするわけだ。

また、自分のチームメンバーのなかから「**エヴァンジェリスト**」を選定するという方法もある。「伝道師」を意味するエヴァンジェリスト（Evangelist）は、ここでは「組織のパーパスの自分ごと化」を加速する役割を指している。

複数のメンバーにこの1on1セッションを行ってみると、その反応にはかなりの個人差があるのに気づくはずだ。いつまで経っても上司への忖度を捨てられず、自分のWant toをごまかし続ける人がいる一方、ごく短時間で自分がとらわれているHave toに気づき、あっというまに「現状の外側」に向かうゴールを設定できる人もいる。

こういうときは、後者のような「パーパスの自分ごと化」に長けた人にエヴァンジェリストになってもらい、そのほかのメンバーとの1on1を代行してもらうようにしよう。エヴァンジェリストは必ずしも役職者である必要はない。「Want toに生きること」それ自体が得意な人には、この仕事もまた才能を開花させる場になり得る。

さらに、全社レベルでこのような波及プロセスをデザインする立場の人（経営者や人事担当者）は、ある部署のエヴァンジェリストを他部署から選定するようにすることで、組織のサイロ化（タコツボ化）を防ぐことができる。たとえば、「法人営業部のなかで、いちばん楽しそうに仕事をしている人は誰ですか？」というアンケートをほかの部署に行い、そこで名前が上がった人物にエヴァンジェリストになってもらう。そうやって任命されたエヴァンジェリストが、法人営業部以外のメンバーに対して1on1を実践していけば、一気に会社内の風通しがよくなっていく。

上司－部下方式にするにせよ、エヴァンジェリスト方式を取り入れるにせよ、理想的には、全メンバーの2割くらいが1 on 1のホストになれる状態を目指していこう。そこまで人数が揃っていない状態であれば、研修や合宿を行ってエヴァンジェリストを養成していくのも1つの方策だ。

リーダー自身がどれほどエフィカシーに溢れていても、1人だけではチームは動かせない。チーム・組織の全体にその〝火〟が回るまでには、地道な普及活動が不可欠だ。とくに100人を超える規模の組織になってくると、短期的な効果はなかなか期待できないだろう。領域をある程度絞り込みながら、徐々に組織の内部モデルを変更していくしかない。

しかし裏を返せば、このプロセスさえ踏んでいけば、どんなチーム・組織でも、「メンバー全員Want to」の状態は間違いなく実現できるということだ。

- □チーム内のメンバーは、どのようなWant toを抱えているだろうか？
- □チームや組織の「飲み会」を振り返ってみよう。そこにはどんなメリット／デメリットが考えられるだろうか？
- □あなたの組織・チームで最も有力なエヴァンジェリストは誰だろうか？

メンバーの「本音」を引き出す1on1の技術

ここからは、1on1の具体的なやり方を見ていこう。

まず大切なのは、リーダーのほうからまず面談の意図をはっきりと伝えることだ。いきなり1on1の場に呼び出された部下は、「何かよくないことを告げられるのではないか」と不安に思っているはずだ。なぜこのような面談をするのかを、端的にわかってもらう必要がある。

「チームのみんなが心からやりたいと思える仕事に向き合っていてほしい」「みんなが最大限に才能を発揮できる環境をつくっていきたい」という考えをシェアしたうえで、各メンバーがどんなことを大切にしているのかを教えてもらうためにこの場を設定したのだということを、率直に伝えるのがいいだろう。

部下の「現状維持マインド」を刺激していないか?

そのうえで大事になるのが、「いきなり仕事の話をしない」ということだ。お互いに向き合った瞬間から「今期の予算達成状況だけど……」とか「昨日のクライアントとの商談で……」といった言葉で口火を切るのは、やめたほうがいい。いきなり仕事の話をしてしまうと、ただちにメンバーのなかで「現状」を肯定する内部モデルが立ち上がってしまうからだ。

いったんこのモードに入ってしまうと、彼らの脳は従来の型に従って情報を処理し、上司の意向と衝突しないような受け答えを出力しようとする。いわゆる「空気を読む」という状態だ。面談が終わるまでこのスイッチをひっくり返すのは難しい。この面談の目的は業績評価ではなく、パーパスの自分ごと化にあるということを忘れてはいけない。

かといって、いきなり「これからどんな仕事をやってみたいと考えている?」と問いかけるのも、同様におすすめできない。たとえ、内心では「別の仕事をやってみたい」と感じていたとしても、ほとんどの人はそれを素直に口に出したりしないからだ。

現状の仕事に不満を持っていると上司に思われれば、自分がなんらかの不利益を被ることになりかねない。だからこそ、ほとんどのメンバーは「どんな答えをすれば、上司を喜ばせられるか/不安がらせずに済むか」という観点から、当たり障りのない回答をするだろう。これではメンバーのWant toなどとても可視化できない。

本人に見えていない才能を見抜く――1on1の具体例

以上のように、1on1では「はじめが肝心」である。おすすめなのは、110ページ以下でも見たような「幼少期に好きだったこと」や「10年以上にわたって続けていること」に関する質問だ。

たとえば、システムエンジニアである20代の男性部下と面談するケースを考えてみよう。

彼に幼少期から好きだったことを訊ねてみると、「サッカー」という答えが返ってきた。色白でほっそりとした外見からすると意外だったが、彼は5歳のころから地元のクラブチームに所属しており、高校卒業までずっとサッカーを続けていたのだという。

こういうときは、さらに話を掘り下げて、サッカーをはじめたきっかけや印象に残っている体験などを聞いてみるといい。すると、彼からはこんな答えが返ってくる。

「当時はサッカーそのものよりも、とにかくチームメイトと遊ぶのが好きだったんですよね。練習が終わったあとに、みんなで集まって一緒にジュースを飲んだり、かくれんぼをしたりしていた記憶があります。結局、サッカーは高校までずっと続けて、高3のときにはサッカー部の主将までやりました。ですけど、正直、サッカーそのものよりも、部室でみんなとふざけていた思い出のほうが強く残っていますね。小さいときから何も変わってないのかもしれません。いまだに年末年始には地元の部活仲間に声をかけて、みんなで集まったりもしています」

そんなスポーツ少年だった彼が、大学ではコンピュータ・サイエンスを専攻し、エンジニアになったのはなぜなのだろうか？　コンピュータに興味を持ったきっかけを聞いてみよう。

「それもじつは友だちの影響なんですよ。高校のとき、仲のいい友だち2人がプログラミングにハマっていたんです。自分もそれにまざりたくて勉強をはじめました。夏休みに3人で一緒にコードを書いて、ゲームをつくったりもしましたよ。思えば、他人に流されてばかりの人生ですね……」

この若手エンジニアの人生は、本当に「他人に流されてばかり」なのだろうか？　そんなことはないはずだ。この対話から見えてくる、彼がずっと大切にしてきた価値観は「仲間と調和しながら物事を達成すること」である。サッカーやプログラミング以外の局面でも、彼はそうした行動を繰り返しているとすれば、この要素が才能に転化している可能性は高い。

彼の真のWant toからすれば、エンジニアという業務に固執する理由もあまりないはずだ。むしろ、たとえばプロダクトマネジャーとして複数のエンジニアたちを取りまとめるポジションについてもらったほうが、本来の力を発揮できるかもしれない。

幼少期のころから繰り返している行動のなかには、その人のポテンシャルが隠されているケースが非常に多い。しかも、無意識的に行っているため、傍から見ると強みに映るのに、肝心の本人がそれに気づいていなかったりする。その穴を埋めるのが、リーダーなのだ。

なぜ「謙虚すぎる部下」は危ういのか——才能を見えなくするもの

このエンジニアの例でもわかるとおり、リーダーの前で自分のWant toにうまく気づけない人は多い。ここでネックになるのが「謙遜」だ。

たとえば、みずからのWant toを探っていく過程で、なんとなく自分にはリーダーシップがあるのかもしれないと感じても、「いやいや、私なんてリーダーの器ではありません」「自分はチームのためにコツコツとがんばるのが性に合っていますから」というような態度を取ってしまう人がいる。日本人にはいまだに「謙遜は美徳」という固定観念があるからだろうか。「これが自分の才能です」と言い切る人はまだまだ少ない。

さらに、自分を卑下するような振る舞いの裏側には、じつはその人なりの生存戦略があるケースもある。仮に自分のリーダー願望を正直に表明すれば、周りからのプレッシャーが高まるかもしれない。それを避けるために本音を隠し、謙虚な自分を装っている人もいるだろう。また、「リーダー職＝面倒な仕事」という内部モデルに支配されている人は、とにかく厄介ごとに巻き込まれたくないという想いで、「私にはリーダーになる資格なんてありません」と言っていたりする。

しかし、謙遜は非常に危険だ。本来はその才能があるのに、「自分にはそんな才能はありません」という態度を取り続けていると、しだいにそれが本人のコンフォートゾーンになってしまう。「これといった能力はないけど、みんなに優しくて謙虚ないい人」を長年演じているうちに、本当に無能な状態を抜け出せなくなる。

部下がそうなってしまう前に「あなたにはこんな才能がある」と気づかせることも、リーダーの大切な役割だ。１on１の場でメンバーが謙遜して、「思えば、他人に流されてばかり」という認知に陥りかけたら、リーダーであるあなたは「それって『仲間と調和しながら物事を達成する能力』とも言えると思いませんか？」というように、まったく別のアプローチで相手の才能を言語化してみよう。このプロセスを繰り返すことで、メンバーはしだいに自分の真のWant toに目覚めていくことができる。


謙遜と同じくらいWant to発見の邪魔になるのが「卑屈さ」だ。こうしたコンプレックス感情は、元をたどれば、幼いころに親に投げかけられた言葉などに行き着くことが多く、なかなか容易には振り解けない。

親からの「あなたはコミュニケーションが得意なタイプじゃない」「おまえは人に優しくできない」といった言葉によって、実際に「口ベタな人」や「冷淡な人」がつくられたりしている。「あんたはバカだから」と親に言われ続けたせいで、大人になってからも無意識に〝バカキャラ〟を演じ続けてしまう人がいたり、反対に「賢くならなくては……」というプレッシャーを感じ続ける人がいたりする。

親の言葉というのは、人間の内部モデルに超大な影響を与える。ただし、外界からの情報を処理するプロセスは、あとからいくらでも変えられるので、諦めたり悲観したりする必要はまったくない。やるべきことは同じだ。本人を縛っているHave toを少しずつ振り解き、心からのWant toに気づくのをサポートしていこう。

人のWant toは1つとはかぎらない

1on1でメンバーのWant toを探るときの実例をもう少し見ておこう。

今度の面談相手は、20代の女性エステティシャンだ。彼女は以前、都内の式場でウエディングプランナーとして働いていた。「ウエディングプランナーになるために自分はこの世に生まれてきた」と豪語するほどの熱い思いを持って専門学校に入学し、その後、この憧れの職業に就くという夢を叶えた。ところが、たったの3年で彼女はウエディングプランナーの仕事を辞めてしまう。

その後、彼女はパーソナルトレーナーになり、フィットネスジムの社員として働くことになった。トレーナーへの転身ぶりには目を見張るものがあり、めきめきと実力を上げていった彼女は、1年後にはもう自分がウエディングプランナーだったことを忘れかけるほどだった。

ところが、さらに驚くべきことに、彼女はあれだけのめり込んでいたパーソナルトレーナーの仕事を2年で辞めてしまう。そして現在はエステティシャンとして活躍しているというわけだ。

5年のうちに3つの職種を渡り歩いている彼女の行動を外側から見ると、やりたいことがいつまでも見つけられない人物だと思う人もいるかもしれない。しかし、その受け取り方は間違っている。

ウエディングプランナーの仕事をはじめた彼女は、ある時点で、自分が「結婚式のプラニング」という仕事そのものに魅力を感じていたわけではないことに気づいた。むしろ、彼女の喜びは、顧客自身も気づいていない潜在的な欲求を満たしていくことのほうにあった。彼女にとっての真のWant toは、「他人の人生の大切な時期に寄り添い、その人の力になること」だったのだ。

そのWant toの軸からずれていないからこそ、彼女はウエディングプランナーとしても、パーソナルトレーナーとしても、エステティシャンとしても、圧倒的なパフォーマンスをあげることができている。彼女はHave toに埋もれるような仕事選びを一度もしていないのだ。

彼女のエピソードから見える、さらに重要なポイントは、個人に内在する「真のWant to」は、必ずしも1つとはかぎらないということだ。彼女がウエディングプランナーからパーソナルトレーナーへ、さらにそこからエステティシャンへと転身していったのは、彼女のなかに「視覚的に美しいものに触れていたい」というもう1つの根本的な価値観が存在しているからでもある。「人の心を満たす」と「美しいものを取り扱う」という2つの要素から逸脱しなければ、彼女はこれからも自分の仕事に満足し、確実に成果をあげ続けるに違いない。

「誘導」「説得」「しゃべりすぎ」は絶対NG!

ここまで見てきたとおり、1on1でリーダーがやるべきなのは、メンバーへの問いかけを通じて、本人が見落としている「真のWant to」やそこから生まれた「才能」に気づかせることである。メンバーが謙遜したり自己卑下したりして、自分の強みから目を逸らしそうになったら、リーダー自身がまったく別の角度から言語化をするなどして助け舟を出していくといい。

とはいえ、そのようなサポートをする際には、相手のWant toを「決めつける」ことにならないよう、十分に注意する必要がある。つまり、リーダーにとって都合がいいようなWant toに誘導したり、手近な結論に飛びついたりすることがあってはならない。明示的に誘導したつもりがなくても、メンバーがある種の同調圧力を感じていることもある。上司に忖度しながら設定されたゴールは、本質的にはHave to以外の何ものでもないので、内部モデルの修正につながらず、内因的な行動原理のドライバーとしても機能し得ない。

また、「これがあなたのWant toだ、そうに違いない！」と説得するような態度も避けるべきだ。いちばん大事なのは、本人が「ひょっとすると、これが自分の真のWant toなのかもしれない……」と感じ、それを確信に変えていくことである。そのプロセスを無視して、リーダーがWant toを押しつけては本末転倒もいいところだ。

これまで外因的な働きかけによって成果をあげてきたリーダーほど、このような「説得」をしてしまいがちだ。自身のWant toが見えてエフィカシーが高まっている人でも、「自分の判断がいちばん正しい。あとは、それを部下に納得させるだけだ」という自惚れに陥っていないかは、たえず警戒するべきだ。こうした独善的な態度が続けば、メンバーの気持ちはあっというまに冷めていく。

よりシンプルな注意ポイントとしては「リーダーがしゃべりすぎていないか」である。リーダー自身が「現状の外側」にあるゴール実現にエフィカシーを抱いていることは不可欠だが、それをあまりにも誇示してしまうと、部下のほうはむしろ引いてしまうだろう。

- 一方的に自分の熱い想いを語っていないだろうか？
- チームの方針を押しつけたりしていないだろうか？
- まず部下の話に耳を傾けられているだろうか？
- 自分の話をしすぎていないだろうか？

1on1における主役は、リーダーではなくメンバーだ。リーダーは「聞くこと」に徹するぐらいでちょうどいい。

リーダーも「自己開示」しよう

メンバーの話を聞くときは、ただ聞きっぱなしにするのではなく、相手がどんなWant toを持っているかをしっかりメモしていこう。個々人のWant toに関する情報は「パーパスの自分ごと化」のステップでも役に立つし、それ以外の使い道もある（196ページで詳述）。また、リーダーが丁寧にメモを取っていけば、部下のほうも「この人は私の好きなこと、やりたいことに関心を持っていてくれるのだな」と感じられるため、より深いWant toを開示しやすくなるはずだ。

また、リーダー自身のWant toを開示するのも効果的だ。一方的にやりたいことを聞き出すだけになってしまうと、相手もつい身がまえてしまいかねない。自分が小さいころに好きだったものの話をしてもいいし、ストレングス・ファインダーの診断結果をシェアするという手もある。

場合によっては「得意なこと」だけでなく、苦手な分野についても触れたりして、弱さの部分も見せていくようにするといいだろう。メンバーの安心感にもつながるし、もしものときはあなたを助けてくれるかもしれない。

そうは言っても、数回の1 on 1をしたくらいでは、なかなかメンバーの価値観など見えてこないと思っておいたほうがいい。むしろ、何度も面談を繰り返すことで、対話が深まっていくことも多いので、時間をかけるつもりで挑むべきだ。その意味では、ひとまず先々まで複数回の面談スケジュールを決めてしまい、お互いに日程を調整しておくことをおすすめする。

□MBOなどの1 on 1面談で、自分がまずどんな話からはじめているかを振り返ろう。
□部下のうちで「Want to の発見」に最も苦労するのは誰か？　またそれはなぜか？
□従来の1 on 1では、あなたとメンバーとが話している割合は「何対何」くらいだろう？
　あなたが話をしすぎていないだろうか？

組織のパーパスが「自分ごと化」される瞬間

リーダーとの1on1を通じて、メンバーが心からやりたいと願うWant toが見えてきたら、今度はそれが組織のパーパスとどう重なるかを考えていく（171ページのステップ②）。この「組織のパーパスを自分ごと化させる」プロセスを欠くと、せっかくメンバーの「本音」が顔を出しかけていても、再びHave toにまみれた「熱量の低い日常」というコンフォートゾーンに引き戻されていきかねない。

会社への「絶対的な帰依」はまったく無用

「自分ごと化」のステップでも、ベースになる場はやはり1on1だ。

組織のパーパスを一緒に振り返りながら、それが本人のWant toにどう関係してきそうかを対話しよう。ここでも、リーダーはあくまでサポート役であり、メンバーに問いかけて相手から答えを引き出すことを意識する。

話題にする「組織のパーパス」は、決して「部署の売上目標」のような現実的なゴールであってはいけない。これでは既存のリアリティに引っ張られた発想しか生まれなくなってしまうからだ。むしろ、会社の経営理念のような「現状の外側」を志向するゴールを選び、それを互いに解釈していきながら、個人のWant toとの共通点を探っていくようにしよう。注意してほしいのは、その過程のなかで本人の欲望が「地に足のついた等身大のもの」になってしまわないようにすることだ。

心理的ホメオスタシスの作用をかいくぐるためには、まず個人のWant toを「現状の外側」に飛ばす必要がある。この段階での遠慮や謙遜は邪魔以外の何ものでもない。メンバー本人のWant toを「これ以上はもう何もいらない！」という極限まで膨らませよう。

そのうえで個人のゴールと呼べそうなものが見つかってきたら、リーダー自身のときにもそうしたように、ゴール世界を一発で想起できるような「具体的なフレーズ」に落とし込んでいくのが理想だ（162ページ）。

具体例として、ＡＩ企業に勤める台湾出身の男性エンジニアのケースを考えよう。自他共に認める寡黙なオタクキャラで通っている彼だが、上司との1on1を繰り返すうちに、胸のうちに秘めたエンジニアとしての誇りが垣間見られてきた。

「スーパーエンジニアになって、全アジアにいる自分みたいな根暗キャラに光を当てられたらいいなって思っているんです」

これが彼の根本的な価値観であることは明らかだった。しかし、これがＡＩ企業のパーパスとどう関係するというのだろう？　同社は「ＡＩ技術を駆使することで、人間の創造性を解放すること」を未来のゴールに据えていた。もちろん、アジアのオタクたちを応援することは目指していない。

しかし、このケースではまったく悩む余地はない。「優秀なエンジニアとしてオタクたちの代弁者になる」という彼のパーパスは、ＡＩ開発を推し進める会社のパーパスとまったく矛盾しないからだ。彼の場合、個人のゴールをひたすら追い求めれば、結果的には組織のパーパス実現にも貢献することになる。

ここからもわかるように、「パーパスの自分ごと化」とは、個人のWant toと組織のパーパスを「完全に一致させること」ではない。人を内側から動かすうえで最も大事なことは、「本人が心から実現したいゴール」を設定することだった。よって、組織が目指す方向性から大きく外れてさえいなければ、個人のWant toはどこまでも尊重されるべきだ。

教義への絶対的帰依が求められるカルト教団のような組織は別として、すべてのメンバーが（そしてリーダー自身も）組織のパーパスに１００％傾倒している必要などない。それよりも大切なのは、たとえ部分的であってもいいから、「自分が実現したい未来は、この組織が実現したい未来と重なっている」という確信を、彼らの内側に生み出していくことだ。

ダイバーシティの時代と言われるいま、個人のバックグラウンドが多様化するのに伴って、その根本にある価値観や発想もどんどんユニークになっていく。そういう状況のなかで、「たった1つの目標」に向けて人々をまとめ上げるのはまず不可能だ。

それでも、やはりリーダーはチームや組織を一定の方向に導かねばならない。そこで残される方法はただ1つだ。なんとか個人の想いと組織の理想とが交わる部分を見出して、ゆるやかにメンバーを組織につなぎとめていくしかない。

また、最後に踏まえておくべきなのが、「個人のゴールは1つとはかぎらない」という点だ。183ページのウエディングプランナーからパーソナルトレーナーを経て、さらにはエステティシャンになった女性の例でも示したとおり、個人のWant toは1つとはかぎらない。だからこそ、設定されるゴールも複数であり得る。また、同じWant toをどう切り取るかによって、1つ以上のゴールが設定されることもあるだろう。それぞれのゴール世界が整合的であり、没入を妨げ合ったりしないかぎり、ゴールはいくつあってもかまわないのだ。

そうだとすれば、メンバーがたとえ会社のパーパスと関係ないゴールを持っていたとしても、それ自体は問題ない。そのメンバーが持っている複数のゴールのうち、少なくとも1つに関して、組織のパーパスと重なり合う部分があれば、それで十分なのである。

一致点が見えないのは、抽象度が足りていないから

実際、1 on 1を行ってみると、部下からエキセントリックなWant toが飛び出してきて驚かされることもある。なかには、つい「さすがにうちのビジネスとはまったく関係ないですよね……」と言いたくなるような夢も含まれているだろう。

しかし、リーダーは絶対にこれを言ってはいけない。いかなるかたちであれ、その夢が組織のパーパスと重なり合う可能性はある。その接点を見出す手助けがリーダーの役目なのだ。

両者になかなか一致する点が見えてこないときには、もう少し抽象度を上げてみるといい。永遠のライバルであり、歩み寄る余地がまったくなさそうな阪神タイガースと読売ジャイアンツでも、ワールド・ベースボール・クラッシックでは各チームの選手たちが一丸となって相手チームに立ち向かう。国内では対立していても、世界を相手にするときには、互いに手を取り合える。

これと同じように、ある程度視座を高めれば、どこかで個人のWant toと組織のパーパスが重なる地点は見えてくるはずだ。つい細部に目を奪われて「パーパスの自分ごと化」に困っているメンバーがいたら、より抽象度の高い観点からも気づきを促していこう。

ある個人のWant toがどれほど組織のパーパスと無関係に思えたとしても、それはたいてい表面上のことにすぎない。時間をかけて探っていけば、両者に通底するものはどこかに潜んでいる。

そもそも、無数にある企業のなかからその会社を選んで就職している時点で、すでに本人のWant

toのフィルターをくぐり抜けているのは間違いないし、無意識のうちにその会社の経営理念に共感している可能性が高い。だからこそ、両者が折り合えるポイントはきっとどこかにある。

問題なのは、目の前の仕事にとらわれてばかりいると、それが見えなくなってしまうことだ。だからこそリーダーがWant to再発見のきっかけをつくって、それを組織のパーパスに接続し直す必要がある。

部下の夢を肯定できないリーダーは最悪である

組織マネジメントに携わる人のなかには、個人のWant toを掘り下げるセッションやワークを行うことに及び腰になる人がいる。メンバーそれぞれが「自分のやりたいこと」を見つめはじめると、目の前の仕事に対する熱意を失ったり、他社への転職や独立を考えはじめたりするのではないかとの懸念があるためだ。

「現状レベルでいいから、ひとまず部下たちにはいまの仕事を黙ってこなしてほしい」と考えているリーダーほど、メンバーが「自我」を持つのを快く思わない。部下をHave toまみれにしてエフィカシーを低く抑えつけておき、「どうせ自分たちはこの程度の仕事しかできないんだ」という認知を持たせておいたほうが、仕事がうまく回ると考えている。だから、「部下にWant toを探らせる」なんて余計なことはしないほうがいいと言う。

彼らの心配は、あながち的はずれとも言えない。真のWant toを探索した結果、いまの仕事を辞めたり組織を移ったりする決断を下す人は、たしかに一定数いるからだ。

しかし、もしそうなのだとしても、これからのチームマネジメントにおいては、個人のWant toを抑えつけることはおすすめできない。人を動かす「最大の熱源」はもはやそこにしかないし、優秀な人材ほど強烈なWant toを持っているからだ。

具体例を見てみよう。ある日、150人以上の部下を束ねるベトナム人のカントリーマネジャーから、経営幹部のところに連絡が入った。ハノイ工科大学をトップクラスの成績で卒業し、ベトナムマーケットの責任者として高いリーダーシップを発揮していた彼が、自分のキャリアのことで悩んでいるらしい。場合によっては、会社を辞めることまで考えているらしかった。

経営幹部は急いで彼との1on1の場をセッティングし、彼の「真のWant to」にじっくり耳を傾けることにした。すると、彼が胸に抱いている野心的なパーパスの存在が徐々に見えてきた。

どうやら彼は、既存ビジネスのマネジメントよりも、新規事業の開発のほうに強い関心があるらしい。彼は自身でビジネスを立ち上げるだけでなく、投資家として複数のベンチャー企業を育てていくという夢も持っていた。そのためにすでに起業家コミュニティを立ち上げており、そこで定期的な勉強会を行ったりもしているという。

「将来、ベトナムに100億円規模の会社を500社つくりたいと思っています」

彼が語った途方もないゴールは「現状の外側」にあり、まさにパーパスと呼ぶにふさわしい。経営幹部から見ても、彼のパーパスが組織のパーパスと関係しているのかどうかは、かなり微妙なところだったものの、２人は両者が重なり合うポイントについてじっくりと語り合った。

その結果、このカントリーマネジャーは最終的に会社に残ると決めた。そしていまでは、これまで以上のリーダーシップを発揮し、彼が率いる１５０人以上のチームはさらなる進化を遂げている。

強いWant toを持つ人材ほど、エフィカシー・ドリブン・リーダーシップとの親和性が高い。もし経営幹部が彼のWant toに正面から向き合うことなく、頭ごなしに抑えつけようとしていれば、彼はすぐに組織を離れていただろう。

メンバーのWant toを肯定できないリーダーは最悪だ。部下の「やりたいこと」をポジティブに受け止められないのは、リーダー本人がHave toに押しつぶされそうだからではないか。「自分がこんなに我慢しているのに、好き勝手なことを言いやがって」としか思えないのではないか。

「こんなことをやってみたいんです。どうやればいいかはわかりませんけど……でも絶対にできると思っています」

部下からそう聞かされたとき、あなたはどう受け止めるだろうか？　メンバーのエフィカシーの高まりを心から喜べるだろうか？　もし心のどこかに引っかかりを感じるのなら、まずは自分の目線が低すぎないかを振り返ろう。

全員のWant toをチーム内で見せ合おう

チームメンバーにおける「パーパスの自分ごと化」のプロセスについて語ってきたが、ここまでの手法とは少し趣の異なる(だが、きわめてパワフルな)やり方についても紹介しておきたい。

それは、メンバーのWant toやゴールが見えてきたら、思い切ってそれを全員に公開してしまうという方法である。1 on 1で出たメンバーの話を記録しておくべきだと書いた(186ページ)のには、こうした背景がある。

個人のWant toやゴールは、人事評価や年収とは関係ないので、開示することに大きな問題はないはずだが、事前にメンバーの同意をとっておくのが望ましい。理想的なのは、会社の全メンバーの「才能」「Want to」「ゴール」がすべて可視化されている状態だ。もしそれが難しければ、ひとまず部署内・チーム内から小さくはじめるのでもかまわない。

この情報を1つのファイルにまとめ、全員が閲覧できる「私の取扱説明書」として公開しておくと、チーム内には思いも寄らない化学反応が起きはじめる。

まず「好きなもの」や「価値観」が相互にオープンになっているため、これまでつながりがなかったメンバー間に横のネットワークが形成されやすくなる。また、お互いがどんな仕事に価値を感じるのかがわかっているため、メンバー同士での頼みごとや相談がしやすくなる。リーダーがいちいち交通整理をしなくても、しかるべき人にしかるべき仕事が集まるようになるのだ。

図5.1 チームで「野望」を分かち合う

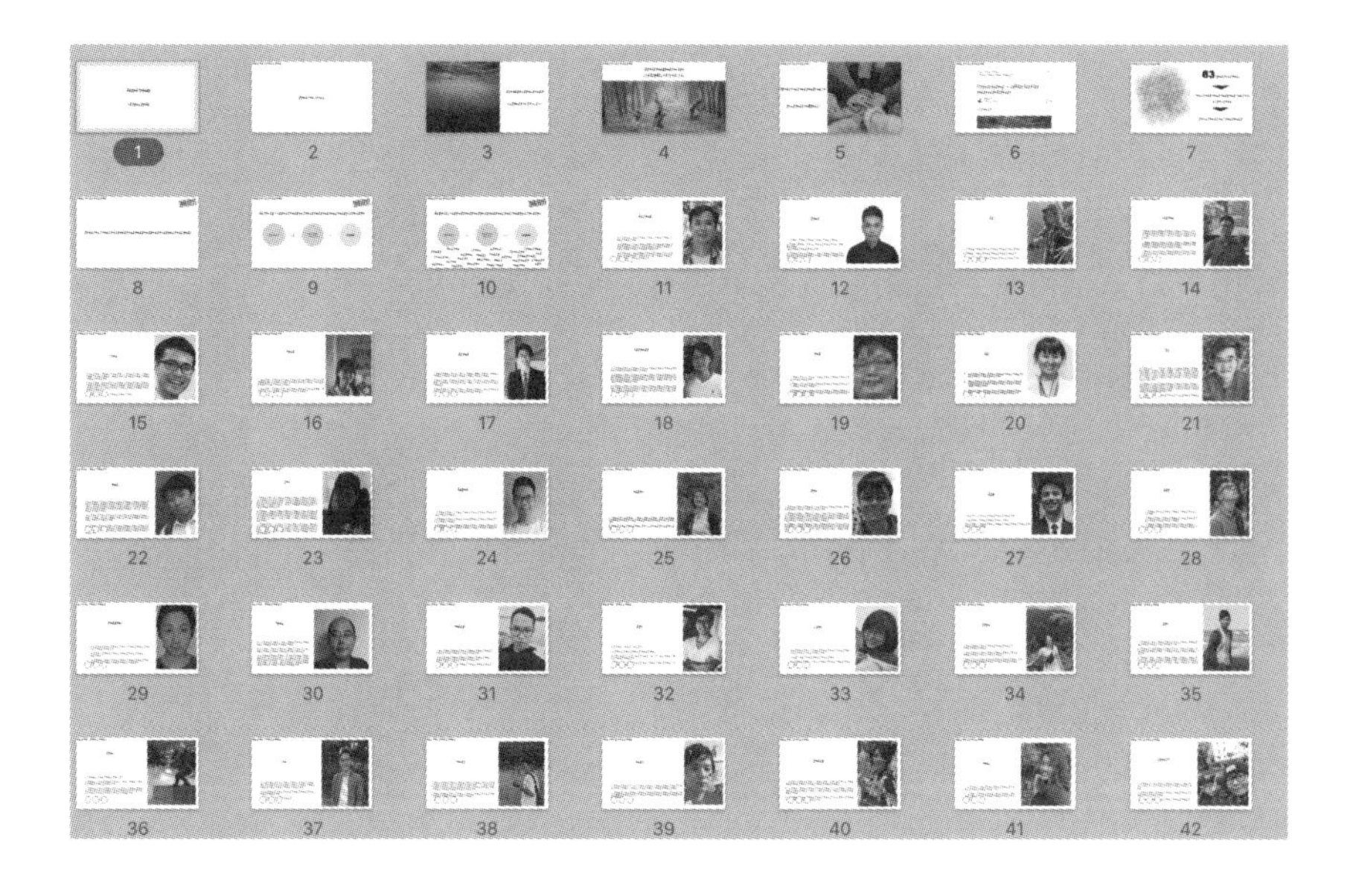

全メンバーの「才能」「Want to」「ゴール」を
1つのファイルにまとめ、チーム内で共有してみよう

さらに、「パーパスの自分ごと化」の面でも、ポジティブな影響が期待できる。リーダーと2人で話し合っているだけでは、「組織のパーパスと自分のWant toを重ね合わせる」ということの実像がなかなかつかめないメンバーも多いだろう。しかし、このデータベースを公開すれば、ほかの同僚たちが、自分たちの会社のパーパスをどう解釈し、どのように「自分ごと化」しているのかを具体的に知ることができる。これによって、いまひとつピンと来ていなかったメンバーのなかでも、「組織のパーパス」についての理解が進み、いっそう「パーパスの自分ごと化」が促進されていくというわけだ。

また、いきなりすべてを公開するのが難しければ、まずはストレングス・ファインダーの結果だけでもいい。たとえば、お互いの上位資質5つをデータベース化して公開してみるのはどうだろうか？これなら客観的な診断の結果にすぎないし、優劣がつくようなものでもないので、メンバーたちの心理的な抵抗もほとんどないはずだ。

こうしてお互いの才能や価値観が共有されると、自分たちの組織がどんな強みを持った人たちから構成されているのかが可視化されることになる。たとえ突発的なプロジェクトが立ち上がったとしても、各自の強みに沿って職務の割り当てが進み、機能的に対応しやすくなるはずだ。

強いチームほど「らしさの解像度」が高い

他方で、「面談の内容は1 on 1の場だけに留めておいてほしい」という意見が多数を占めるケースもあるだろう。そういうときでもやり方はある。

メンバー全員のWant toやゴールを把握していくと、リーダーにはしだいに「あの部下とこの部下は似たような価値観を持っていそうだ」とか「この2人は相互に補い合う能力を持っていそうだ」といったことが見えてくるはずだ。もし有望な組み合わせがいれば、意図的に両者を引き合わせて交流させたり、同じプロジェクト内に配置したりして、化学反応を促すといいだろう。

いずれにせよ、メンバーのWant toやゴールについてのデータベースをつくり、もし可能であればそれを公開していくという取り組みは、ぜひやってみてほしい。

このとき注意してほしいことが1つある。それは、データベースに一度まとめられた情報を信用しすぎないことだ。人のゴールは人生のさまざまな局面のなかでどんどん変化していく。あなたに伝えられたのは、あくまでも「その時点での夢」だと思ったほうがいいだろう。メンバーとの1on1面談は引き続き定期的に行うようにし、1人ひとりの価値観やゴールを確認する作業を続けるようにしよう。もしもなんらかの変化が起きていれば、データベースを更新していく。

このように社員たちのWant toやゴールを可視化していく作業は、会社全体にとっても大きなメリットがある。個々の社員のWant toがわかっていれば、人材配置の精度も高まり、職務内容のミスマッチはもちろん、それによる離職やメンタル不調なども防げる。

109ページでも伝えたとおり、人の「才能・資質」と「やりたいこと」は表裏一体である。組織としてのパフォーマンスを最大化するうえで最も大切なのは、働く個人の「やりたいこと」に会社が目を向けることである。

□本人のWant toと会社のパーパスの重なりが最も大きそうなメンバーは誰だろうか？
□逆に、両者の隔たりが最も大きいメンバーは誰か？　どんな歩み寄りが可能だろうか？
□全社員の「Want toとゴール」を共有したら、御社ではどんなことが起こるだろうか？

「過去のダメ出し」をやめて、「未来の先取り」の場をつくる

メンバー全員のWant toを引き出し、それぞれに組織のパーパスとも部分的に重なっている「自分だけのゴール」が見えてきたら、あと残るのは、いかにしてそのゴールが描く世界に「没入」してもらうかである。これは「ゴールを実現できる気がする！」という手応え、すなわち、エフィカシーを高めていくプロセスにほかならない（171ページのステップ③）。

本音で実現したいと思えるゴールが設定できていれば、人の心は自然とそちら側に引き寄せられていく。ただし、同時にそれを邪魔するものもある。本人の心理的ホメオスタシスだ。たとえば、「優秀なエンジニアとしてオタクたちの代弁者になる」というゴールがせっかく見えてきても、本能は「これまでどおり」「現状維持」を全面的に肯定し、変化することから極力逃げようとする。

この段階におけるリーダーの役割は、メンバーの心理的ホメオスタシスを発動させる要素を取り除

き、「新しいリアリティ」のほうに臨場感をシフトさせていくことである。

その中心となるのは、コミュニケーション上の方策だ。リーダーの「言葉」こそがメンバーの「現実」をつくっていくのである。

「やらなくていい仕事」「守らなくていいルール」を捨てる

メンバーの内部モデルを書き換えるためのコミュニケーション術に入っていく前に、まずはごくごく基本的な部分について押さえておこう。それは簡単に言えば、「メンバーがHave toを捨てられるような環境をつくっていく」ということである。

人が「真のWant to」に目覚めて、そこに臨場感を抱くためには、心にまとわりついている膨大なHave toを捨てていく作業が必要になる。そのことは第3章などで詳しく見てきたとおりだ。

この事実はリーダーだけでなく、メンバーにもあてはまる。いくら1 on 1を通じてメンバーのWant toを掘り下げていったとしても、日々の業務がHave toにまみれていては、内部モデルの変更は進まない。1 on 1の場ではリーダーに熱く夢を語っていたメンバーも、雑務で散らかったデスクに戻った途端、一気に「現状」に引きずり戻される。「いくらきれいごとを言ったって、目の前には仕事が山積みなんですよ……。やりたいことがあっても、やれるはずないじゃないですか……」と面と向かって言ってくるメンバーもいるかもしれない。

あなたなら、こういうときどう答えるだろうか？「そうは言っても、どうしてもやってもらわないといけない仕事はあるんだから、そこは我慢してもらうしかない」とお茶を濁すだけだろうか？もしもチーム内のメンバーが膨大なHave toに縛られているのなら、それはほかでもなくリーダーの責任である。Have toになっているタスクのうち、少しでもいいからＩＴやＡＩで代替できないだろうか？　外部にアウトソーシングできないだろうか？　そうした観点で社内のタスクを振り返らず、社員たちがHave toにまみれている状況を看過しているのだとすれば、経営サイドの責任もかなり大きい。

Want toに溢れた組織をつくりたければ、やりがいを感じられないタスクをどんどん外注していくのが近道だ。経営者はそのための予算をしっかりと現場に配分していかねばならない。経営陣がそうしたマインドを欠いている場合は、現場の声を上に伝えていくこともリーダーの役目だろう。

会社のなかには、こうした「やらなければならないタスク」のほかにも、「やってはいけないこと」などを定めたルールなどが存在している。その多くは「決まりだから」という理由だけで守られており、とっくに時代遅れになっているものもあるはずだ。そうした形骸化した「やってはいけない」を撤廃していくことも、リーダーがやるべきHave toを捨てる活動の一環である。

たとえば、ある職場では「勤務時間中にYouTubeを視聴してはいけない」というルールがつい最近まで守られていた。このルールがつくられたのは、YouTubeに上がっているコンテンツのほとんどがエンタメ系のものだった当時のことだ。ところが、ここ数年のうちにYouTubeの使われ方は大きく様変わりしており、ビジネスやエンジニアリングにも有益なコンテンツが増えてきた。

こうなると、過去に設定した「YouTube禁止ルール」を惰性で残しておくのは、同社のビジネスにとってもマイナスでしかない。そのため、このルールは時代遅れのものとして撤廃されることになった。

すでに意味を失ったルールに引きずられ、不要なHave toがメンバーに押しつけられていないだろうか？　メンバーたちがそれぞれのWant toに邁進できるよう、最高の環境をつくっていくこともリーダーの責任である。

リーダーは「面談の3タイプ」を使い分けよう

以上のような環境づくりの観点を踏まえたうえで、本節の主題であるリーダーのコミュニケーション術を見ていこう。
1 on 1の面談にはだいたい3つくらいのパターンが考えられる。1つは、本章で見てきたような相手のWant to探索をサポートするタイプの1 on 1だ。組織パーパスとの重ね合わせプロセスのなかで、個人のゴールを明確化していく。これはコーチングで行われるセッションなどにも近い。
第二に、業績管理や人事評価のためのもので、かなり一般的に行われている面談である。MBO（Management by Objectives：目標管理制度）やOKR（Objectives and Key Results：目標と主要な成果）の内容に基づいて、半期ないし四半期ごとのサイクルで面談を行い、対象期間中の振り返りを行っている会社は多いだろう。

こうした1 on 1の目的は、当初設定した目標を達成できたかどうかを確認し、自分の行動についての振り返りを促すことで、それを将来のアクションプランに反映させていくことだ。その意味でこれは「**フィードバック**（Feedback）」型の面談だと言うことができる。ここでの議題は、メンバーがそれまで取ってきた行動であり、過去に目を向けさせることにウエイトが置かれている。

他方で、最後の「第三のタイプ」としてこれから説明するのは、いわば「**フィードフォワード**（Feedforward）」型の面談である。これは、メンバーにすでに起きたことを振り返らせるフィードバック型の面談と正反対のアプローチであり、パーパスをどんなふうに実現させていくか、実現したらどうなるかといった未来について対話する場だ。

フィードフォワード型の発想とは「未来の記憶づくり」あるいは「未来からのフィードバック」だと言ってもいいだろう。通常のフィードバックでは、「こういう過去がある。ではこれからどうしていくべきか？」という順序で思考が進むのに対し、フィードフォワード的なアプローチにおいては「こういう未来が実現する。だとするとこれから何をしていけばいいか？」という順番になる。あるべき未来像から現在や近未来にやるべきことを逆算していく手法は、**バックキャスティング**（Back Casting）などとも呼ばれる。

「過去を語る面談」と「未来を語る面談」を混ぜない

個人のゴール世界に対する臨場感を高めていくときには、フィードフォワード型の1 on 1のほうが望ましい。

そこで注意すべきなのは、第二の面談と第三の面談を混ぜないということだ。多忙なリーダーはつい、過去を語る場と未来を語る場を「ひとまとめ」にしようとしてしまう。しかし、これをやってしまうと、少なくともフィードフォワードの効果は失われてしまう。

リーダーと1対1で向き合って「目標数値の達成度」や「予算未達の要因」を語り合ったあとでは、いくらパーパスの話をされたとしても、メンバーの心には響かない。リーダーからそうした話をされた瞬間に、部下のなかでは「現状」を肯定する内部モデルが立ち上がり、「未来」には目が向かない心理状態になってしまうからだ。

フィードフォワード型の面談をするときには、徹底して未来志向で話をするようにしよう。会社や個人の業績の話題は持ち出さないようにし、あくまでも「どんなことをやりたいと思っているか」について訊ねていく。あくまでも一例だが、次のような問いについて語り合ってみよう。

「『この先3年、なんでも好きなようにやっていい』と言われたら、まず何をやりますか?」
「ゴール世界が本当に実現したら、世の中ではどんなことが起きると思いますか?」

「どういう状態になったら、そのゴールを達成したと感じますか？」
「そのゴールを達成してしまったら、さらにそのあとはどんな展開が考えられるでしょうか？」

この1on1の場では「未来」の話だけをする。ゴール世界への臨場感を高めるうえで大切なのは、それが実現された世界をありありと思い描くことだった（163ページ）。右のような問いを与えられた相手は、それに答えようと頭のなかで想像を働かせはじめる。「問い↓答え」のプロセスを繰り返すことで、ゴール世界の諸表象が精緻化されていき、しだいに脳がそこにリアリティを感じはじめる。

こうして心理的ホメオスタシスの基準点が「現状の外側」のほうに移ってしまえば、ゴールに対するメンバーのエフィカシーは高まっていく。「ひょっとしたら、自分にもできるかもしれない……」「きっとできるはず！」「もう、できる気しかしない!!」——そんな状態をつくれれば、あとは余計なことは何もしなくていい。メンバーはゴール達成に向けた行動を迷うことなく開始するだろう。

部下に「なぜ？」と問うのをやめる

フィードフォワード型の1on1では、「現状」との乖離が大きくなるほど、話の規模は大きくなっていくし、抽象度も高まっていく。場合によっては、こちら側の理解が追いつかないところまで相手の発想が飛躍していくこともあるかもしれない。

ただし、メンバーからどんなに奇想天外な話題が出ても、絶対にそれを否定したりバカにしたりしてはいけない。むしろそれは、相手が心理的ホメオスタシスを抜け出そうとしているという意味で、いい兆候だととらえるべきだ。

逆に、「10年後の自分はどうなっていると思いますか？」と部下に尋ねたときに、「そうですね。このまま順調にいけば、そのころには課長になっていると思います」というような答えが返ってくるようなら、その面談はうまくいっていないと考えるべきだろう。その部下は未来の話をしているようでいて、あくまでも「先輩社員たちがたどってきた過去のキャリアイメージ」のことしか考えられていないからだ。

これと関連して言えるのが、リーダーは「ＷＨＹ」を避けたほうがいいということだ。「なぜ？」という問いは、しばしば過去に起きたネガティブな出来事の原因や責任を問う際に用いられる。「なぜ達成できなかったのか？」「なぜ失敗したのか？」「なぜ事故が起きたのか？」といった具合だ。そのため、たとえリーダーの側にそうした意図がないとしても、「ＷＨＹ」の問いは部下を緊張させてしまう。

また、フィードフォワード型の面談の目的は、具体的な実現可能性や首尾一貫性を検証することではない。むしろ、実現したい未来に向けての臨場感を高めることである。その意味でも「なぜ？」「どうして？」と理由やロジックを追い求めすぎるのはおすすめできない。

要するに、リーダーの言葉がゴール世界への没入を妨げるようなことがあってはならない。当人としては素朴な質問やちょっとした助言をしたつもりでも、それが相手の臨場感を著しく損なうことになってしまえば本末転倒だ。あなた自身が部下のドリームキラーになっていないか、たえず振り返るようにしよう。

「PDCA」は人からエフィカシーを奪う

フィードフォワード型のコミュニケーションで大事なのは、相手が心から欲する未来を基準点にしたうえで、その前後に問いを投げかけていくことだ。とにかく未来に目を向けさせるようにし、過去の改善などは一切考えさせないようにする。

これは頭で理解できていても、いざ実践してみようとすると、最初は苦労するはずだ。過去のことを話すのは簡単だが、未来のことだけを話すというのは意外と難しい。いわゆる**PDCAサイクル**に慣れ親しんでいる人ほど、思考のパターンが「過去の改善」に向かいやすい。

改めて説明するまでもないと思うが、PDCAとは製造業における品質管理などの文脈で生まれたフレームワークであり、「計画（Plan）→実行（Do）→評価（Check）→改善（Action）」というサイクルを繰り返すことで、マネジメントそのものの質を高めていく発想だ。

「評価（Check）→改善（Action）」というステップに象徴されるように、PDCAは過去を検証する、、、、、、、、、、
フィードバック型のフレームワークである。なるほど、たしかにここには「計画（Plan）」が含まれて

	フィードバック	フィードフォワード
目的	未来の改善	未来の改善
起点	過去	未来
成果	失敗の追体験 過去の記憶の臨場感強化	未来の記憶づくり
脳内の状態	大脳辺縁系の活動が活発化 (前頭前野の活動の抑制)	前頭前野の活動が活発化
脳内物質	ドーパミン抑制 ノルアドレナリン増加	前頭前野へのドーパミン放出
得られるもの	思考の抑制 低いパフォーマンス	クリエイティブな発想 高いパフォーマンス
当事者心理	苦しい・つまらない	楽しい・うれしい

はいるが、これはあくまでも「過去からの改善」に立脚しており、「現状」の延長線上にある未来を見ているにすぎない。日本企業に蔓延しているPDCA的な思考法は、既存の内部モデルをいっそう強化し、大きな進化へのポテンシャルを削ってしまうという側面がある。

MBO(目標管理制度)における面談では、過去の成果・行動を振り返ることがあたりまえとされているが、これにはマイナス面も大きい。うまくいかなかった過去をフィードバックされれば、部下は失敗の追体験をさせられることになるからだ。ただでさえ失敗の記憶は忘れがたい。それを再び思い出させられると、脳は失敗した過去のほうに強い臨場感を抱いてしまう。

「失敗を繰り返さないように、○○を心がけよう……」と反省させる行為は、部下に新たなHave toを課しているのに等しい。こうしてますますみずから動くための熱量を失った人材が量産されていくことになる。脳科学的に見ても、こうした後ろ向きの姿勢は、脳内物質であるドーパミンの分泌を抑制し、クリエイティブな発想を司る前頭前野の活動を鈍化させる。過去の失敗を思い出させることのデメリットはかなり大きい。

OODA型の「最も現代的なリーダーシップ」

他方で、未来起点のフィードフォワード型の発想に対応するのが、いわゆる**OODA**（ウーダ）**ループ**である。これは、不透明な状況下での素早い意思決定を可能にする、アメリカ空軍発祥のフレームワークである。

ＯＯＤＡも「観察（Observe）」→「方向づけ（Orient）」→「決断（Decide）」→「行動（Action）」という4つの段階から構成されている。観察に基づいた「方向づけ」をもとにやるべきことを決めていく、まさにフィードフォワード型の思考法である。

ＯＯＤＡループの各ステップが、本書で描いてきた「真のWant toの発見」「パーパスの自分ごと化」「決断が先」「行動変容」といった各要素とどこか似ているのは決して偶然ではない。エフィカシー・ドリブン・リーダーシップは、個人の価値観がバラバラになって、不透明性が高まっているＶＵＣＡ環境下で、できるかぎり機動的に組織を動かしていくための方法論だからだ。

将来が見通しづらい状況では、個人や組織のWant toに基づいて「あるべき未来」を方向づけてから、

図5.2　PDCAサイクルとOODAループ

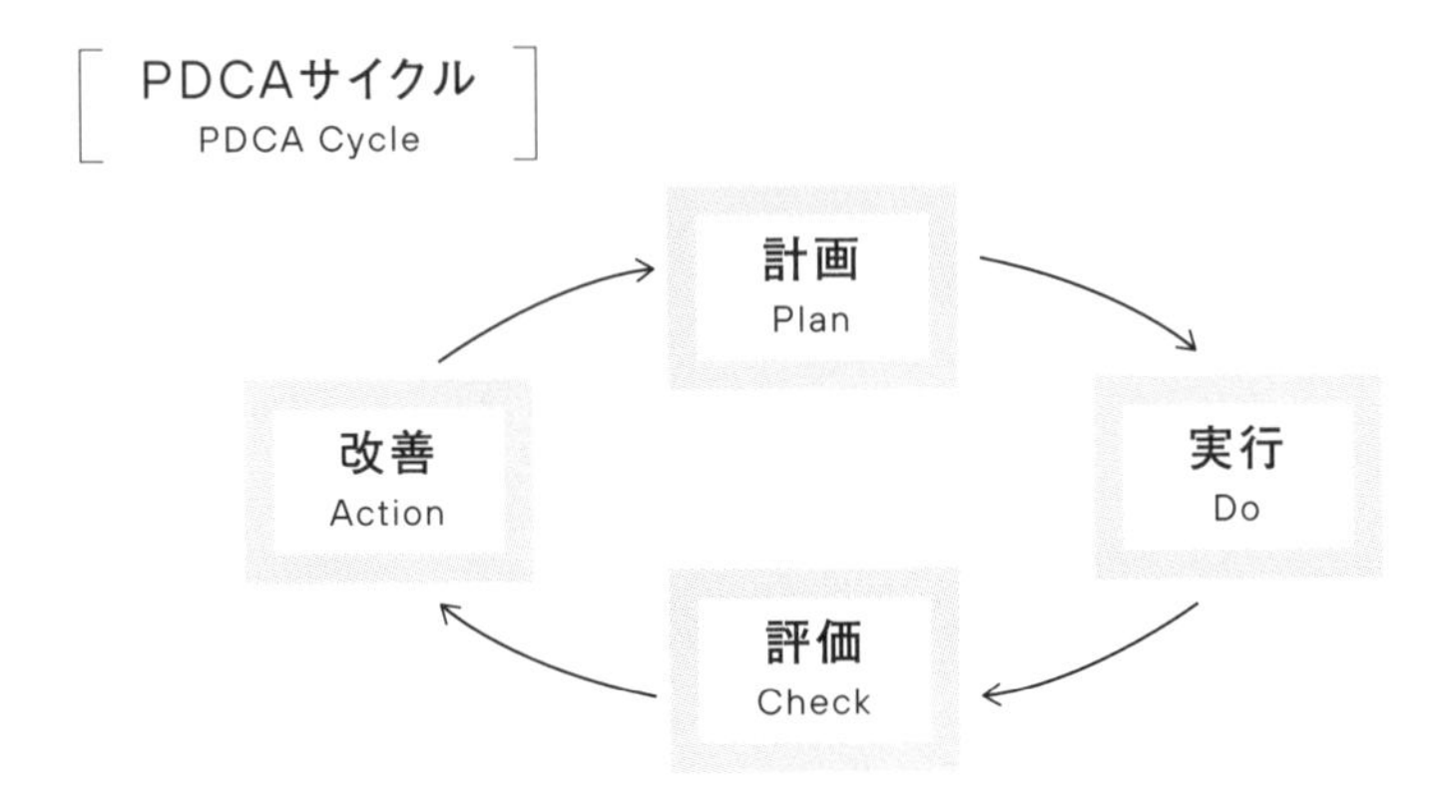

過去を起点とした「フィードバック型」の発想

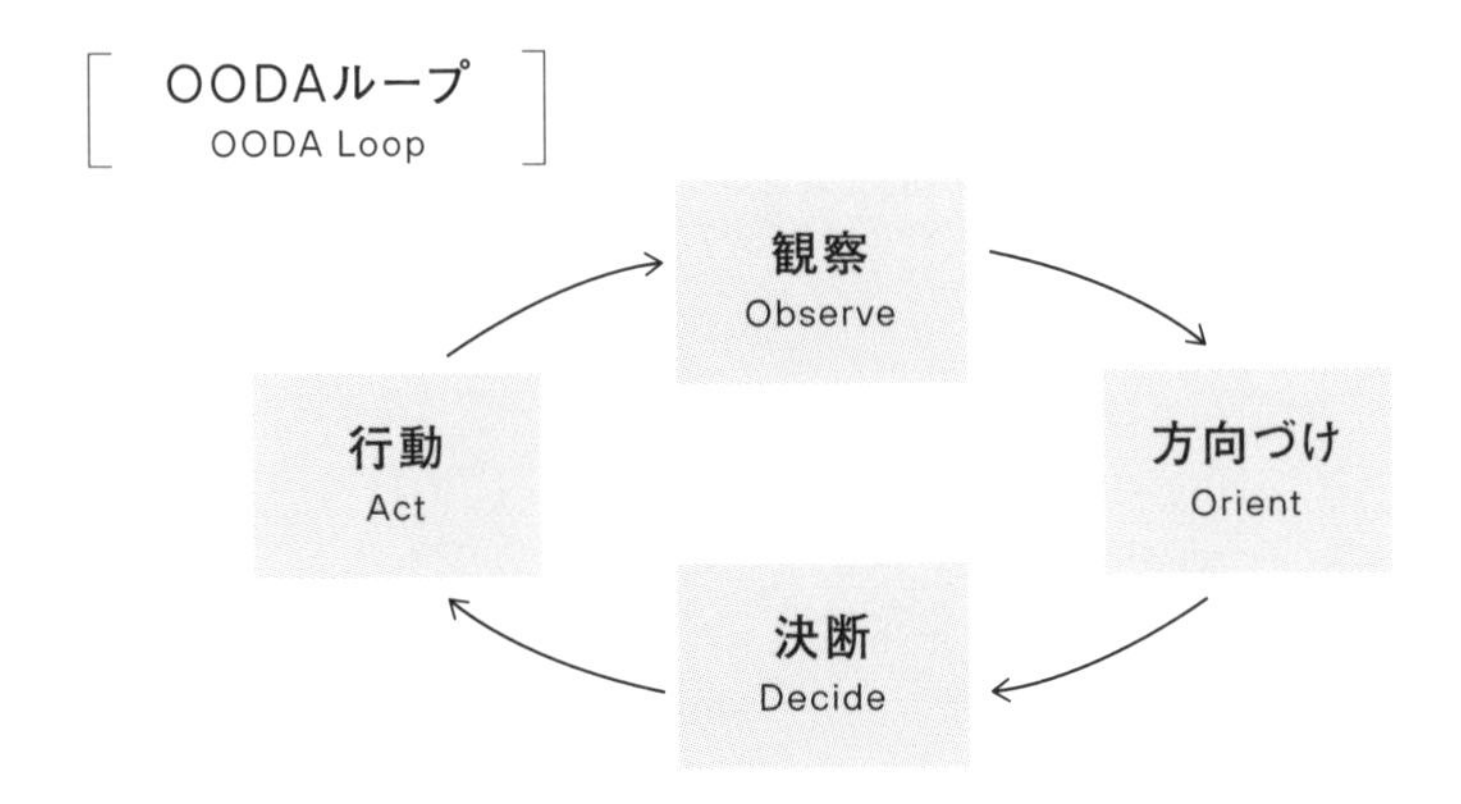

未来を起点とした「フィードフォワード型」の発想

それを行動に落とし込んでいくしかない。エフィカシー・ドリブン・リーダーシップは、人間の認知の仕組みに応じた「最も自然なリーダーシップ」であると同時に、現代の時代状況にもマッチした「最も現代的なリーダーシップ」であるとも言えるだろう。

その意味では、面談の場のみならず、チーム内の日常的なコミュニケーションを、フィードフォワードなものに切り替えて、OODAループを素早く回していくような体制に切り替えることが望ましいだろう。

フィードフォワード型のコミュニケーションには、さらなる副次的なメリットがある。「現状」に縛られない未来志向型のコミュニケーションがリーダー・メンバー間で活発に交わされるようになり、さらにはそれがメンバー相互のあいだにも広がっていくと、チーム内には「何を言っても許される」という空気が醸成されていくからだ。職場内のいわゆる**心理的安全性**（Psychological Safety）を高めていくうえでも、フィードフォワードな会話は欠かせないのである。

□あなたのチームのメンバーはどんなHave toに縛られているだろうか？
□これまでの1on1で「未来」について語っている時間は、全体の何％くらいだろうか？
□メンバーと「フィードフォワード型の1on1」をやることになった場合、あなたはまず第一声でどんな言葉を発するだろうか？　想像してみよう。

第 6 章

組織の
パーパスをつくり、
浸透させる

トップリーダーになる人の「理念」をつくる思考法

現場で働くリーダーたちは、ここまで語ってきた要素をもとにしながら、メンバーたちのエフィカシーを高めていくことができる。ただ、彼らだけではどうしようもない点が1つだけあるのにお気づきだろうか？　それは「組織のパーパス」である。

経営理念やパーパスを、現場のリーダーが勝手に生み出すわけにはいかないからだ。

「パーパスがいい加減な会社」からは、人が離れていく

組織のなかでエフィカシー・ドリブン・リーダーシップが機能するためには、各メンバーが「自分

ごと化」するための経営理念やパーパスが不可欠である。これこそが、バラバラな個人の価値観をつなぎとめる唯一の紐帯だ。メンバーたちは、それぞれのWant toと会社のパーパスとを重ね合わせることで、自分の夢に向かっている状態と、会社に貢献できている状態とを両立させることができる。

しかし、組織のパーパスが存在しなかったらどうなるだろうか？　あるいは、それらしきものがあったとしても、その理念が「生きた」ものでなかったら、どうだろうか？　エフィカシー・ドリブン・リーダーシップは、拠って立つものを欠くことになる。

「自分たちの組織のパーパスは何か？」だけは、経営者や経営幹部が向き合うしかない問いである。企業のトップリーダーたちが、自分たちのパーパスを曖昧なまま放置しているかぎり、その組織の集団的エフィカシーはいつまで経っても高まっていかない。その結果、優秀な人間がどんどん辞めていく事態が起こる。

そこでこの最後の章では、組織のパーパスを考えていく際のヒントと、それを現場に落とし込んでいくときの注意点について、ごく簡単にではあるが触れておくことにしよう。企業のトップマネジメントたちに参考にしていただきたいのはもちろんだが、「わが社のパーパスは不完全だ」と感じている現場リーダーたちも、これらの視点を踏まえて経営陣に働きかけてほしい。

その未来像は「現状の内側」に閉じこもっていないか？

まずは具体例を見てみよう。次にあげたのは、ある有名企業が創業以来掲げているミッションだ。どこの会社かわかるだろうか？

「世界を持続可能なエネルギーへ」
(Accelerate the world's transition to sustainable energy)

エネルギー業界を思わせるようなステートメントだが、これは「テスラ（Tesla）」社のミッションである。テスラと聞けば、誰もが思い浮かべるのは電気自動車だ。しかし、彼らのミッションは、自社製品である電気自動車にはまったく触れていない。彼らが目指しているのは「持続可能なエネルギーに向けて世界を推し進めていくこと」なのだ。

意外に思われるかもしれないが、これこそがまさに「現状の外側」のゴールであり、フィードフォワード型のメッセージの典型だ。つまり、テスラが構想する未来の世界においては、すでに電気自動車は一般化している。そのゴール世界に圧倒的な臨場感を持ったうえで、「その先さらに自分たちに何ができるか」を考えているわけだ。

次にあげたのは、東南アジア各国で自動車配車サービスを提供している「グラブ（Grab）」社のミッションである。

「万人に経済的エンパワーメントを生み、東南アジアを前進させる」
（Drive Southeast Asia forward by creating economic empowerment for everyone）

彼らのステートメントも、配車サービスとは一見関係なさそうだ。テスラが「Accelerate ＝加速させる、アクセルを踏む」を入れていたのと同様、彼らも「Drive ＝駆り立てる、運転する」という単語を入れて、既存事業の連続性を匂わせてはいるものの、彼らの描くゴール世界はあくまでも「発展を遂げた東南アジア」である。

これもまた「現状の外側」にあるパーパスと呼ぶにふさわしい。彼らも配車サービスがより普及した「その先の未来」を見据えている。

以上のように、組織のパーパスを考えるときに大切なのは「現状」を引き離すことだ。年次売上目標や中期経営計画といった、比較的「見通しのきく未来」のゴール設定に慣れていると、どうしても「現状の外側」にまで発想が広がっていかない。自社のパーパスを見直すときには、それが「現状」という重力に引っ張られていないか、「現状の外側」のはるか遠くをゴールとして描けているかをチェックするようにしよう。

大事なのは「言葉」ではなく「物語」

自社のパーパスを新たにつくったり見直したりするとき、どうしても「どのようなフレーズに落とし込むか」ということにとらわれてしまう人は多い。いわゆる**ステートメント**だ。もちろん、一発でゴール世界を想起できるような短い言葉が見つかるに越したことはないが、座りのよさや響きのよさを追い求めすぎた結果、あまりにも抽象度が高く、当たり障りのないものになってしまわないように注意したほうがいい。

ときどき広告代理店やＰＲ会社にでもつくってもらったかのようなステートメントを目にすることがある。それらは、かたちこそ整ってはいるが、何も言っていないに等しいような空疎なフレーズだったりする。血の通った生々しいパーパスを生み出すためには、経営陣が全力でコミットし、本音中の本音を絞り出す必要がある。単なる理想やきれいごとだけであってもいけない。組織の奥底に眠っている「真のWant to」を発掘できるかどうかが、パーパスづくりの根幹である。

言うまでもないことだが、大事なのはパーパスの内実だ。ステートメントが長かろうが短かろうが形式は問わない。あえて意識するとすれば、「ストーリー性を持った言葉であるか」という点だろうか。その言葉を耳にしたり唱えたりしたときに、なんらかの物語が起動するようなフレーズになっているのが理想だ。ストーリーの完成度が高ければ高いほど、人はそこに臨場感を抱き、ゴール世界のほうに「没入」していけるからである。

わかりやすいのは、スターバックスが掲げる「サードプレイス」という経営姿勢だろう。彼らは単なるコーヒーショップではなく、自宅やオフィスに次ぐ「第三の場所」を提供する存在として、自分たちを特徴づけている。この言葉を聞いた瞬間、「サードプレイス」としてのスターバックスで、リラックスしながらコーヒーを楽しむ人たちの映像が目に浮かぶはずだ。

このようなイメージ喚起力を持ったパーパスは、働く人たちが「自分ごと化」をする局面においても絶大な影響力を発揮する。顧客だけでなく従業員も、組織のパーパスが描くゴール世界に「没入」させることができてしまうわけだ。

また、もし気の利いたキラーフレーズが見つからなくても、工夫の余地はある。たとえば、さきほど紹介したグラブは、自社の将来像を描く「動画」をつくって公開している。この動画を見た人は、「万人に経済的エンパワーメントを生み、東南アジアを前進させる」という文字を読んだとき以上に、このゴール世界に圧倒的な臨場感を覚えることだろう。社員における「パーパスの自分ごと化」を促していく場合、動画も非常に有効な手段だ。

- □あなたの会社の経営陣は、パーパスと真剣に向き合っているだろうか？
- □好きな企業を3つ選び、それぞれがどんなパーパスを掲げているかを調べてみよう。
- □あなたの会社のパーパスには、ストーリー性があるか？　それはどんな物語か？

組織に「思想」を根づかせるKPI設定のやり方

どれだけ優れたパーパスをつくれたとしても、それが組織のメンバーたちに「自分ごと化」され、さらには組織文化として浸透していかなければ、それはつまるところ「絵に描いた餅」である。組織パーパスの「自分ごと化」には、ここまで述べてきたような現場リーダーによる働きかけが有効ではあるが、全社的な制度のレベルでもやれることはある。

たとえば、組織のパーパスを浸透させていくとき、まず見直すべきは組織の**KPI（重要業績評価指標：Key Performance Indicators）**だ。

「105%成長」の目標設定が「低体温の組織」を生む

ＫＰＩ設定は、業績評価および人事評価に決定的な影響を与える。そのため、せっかくのすばらしいパーパスがあったとしても、どのようなＫＰＩを設定するかによっては、メンバーの心理的ホメオスタシスが強化され、現状維持にとらわれた組織が出来上がってしまいかねない。

通常の業績目標を立てるときには、前期や前々期などの実績が参考にされるのがふつうだ。「前年度の売上が1億円で、市場がこれくらいのスピードで伸びているので、今期は1・2億円の売上を目標にしましょう」という具合だ。

しかし、このようなボトムアップ方式での目標設定は、そろそろ限界に来ている。「なぜ1・2億円を目指さねばならないのか」の理由は、過去の数字の積み上げのなかにしかない。

もちろん、難しい目標数値をクリアすれば、人は一定の達成感を覚える。そこに昇給などが伴えば、脳内ではドーパミンの分泌が促されて興奮するので、「もっと難しい目標にチャレンジしたい！」と感じる人もいるだろう。

とはいえ、その効果は長続きしない。人の脳はドーパミンに対して耐性を持つようになり、反応を次第に鈍らせていくのだ。個人年収で言うと、だいたい800万円あたりが限界値だと言われている。年収がこれ以上を超えても、人の満足度は際立っては上昇しない。そうなると、働く人たちはこう感じるようになる。

「前年と同じ目標額でもいいのでは？」

「どうして去年よりもしんどい思いをして働かなければならないのか？」

「数字の上積み」以外の目標を持たない組織では、働く人がしだいに「熱量」を失っていく。その数字を達成しなければならない理由が、わからなくなってくるからだ。場合によっては、働く意義そのものを見失い、著しくパフォーマンスが低下したり、離職してしまったりする。

企業の業績指標については、単なる数字の達成だけを追い求める時代は、もう終わったと見るべきだろう。むしろ、企業のパーパスがまずあり、その達成に向けてメンバーが自発的に行動した結果、一定の業績が生まれるという視点が必要だ。

たとえば、ゲームの開発・製造・販売を手がけるある企業は、かつてゲーム機の販売台数ではなく、各家庭のリビングにおけるゲーム機設置率をＫＰＩにしていたという。これは、同社が思い描いているのが、家族みんながリビングで一緒にゲームを楽しんでいるようなゴール世界だからだろう。つまり、彼らは「組織パーパスが描くゴール世界」から逆算しながら、現実のＫＰＩを設定していたというわけである。

人の評価基準に「ウソ」がないか

業績評価だけでなく人事評価におけるKPIも、パーパスと連動しているべきだ。あくまでも臨場感の基準点は「未来」に置いたうえで、そこに近づくアクションがとれているかどうかで評価がなされるようにしないと、社員たちはパーパスを「自分ごと化」していくことができない。

たとえば、「イノベーション溢れる社会」をパーパスに据えている企業があるとしよう。その場合、人事評価においても「イノベーション」という軸が入っていないとおかしい。

その企業が思い描くゴール世界においては、社会はすでにイノベーションに溢れたものになっている。その未来像に近づくためのアクションが取れているかどうか——そういう観点で人事評価がなされるようになっていれば、社員たちはふだんから「イノベーション溢れる社会」について考えざるを得なくなるだろう。上司との1on1においても、「イノベーション溢れる社会」に近づくために、どういうアクションが必要かが語られるようになるはずだ。

組織パーパスの形骸化を防ぐうえでは、KPI設定が大きなカギを握っている。「自分たちは『イノベーション溢れる社会』を目指す!」と語っていたはずの会社が、「売上・利益」や「勤務態度」ばかりで人を評価していれば、働く人たちはそこに大きな矛盾を感じ取るだろう。矛盾があるところに「没入」は起きない。こうして誰にも見向きされない、空疎なステートメントだけの〝パーパスもどき〟が生まれるのだ。

定期的な人事評価だけでなく、パーパスの世界観に基づいたパフォーマンスができているかどうかを選定基準にした「月間ＭＶＰ」の表彰制度なども考えられる。このように、とにかくあらゆるパフォーマンスを、パーパスと関連づけていくのである。

これ以外だと、社内マガジンの制作もおすすめだ。シナモンＡＩでは、四半期ごとに全社員の２割ほどにインタビュー取材を行っている。パーパス実現に貢献するプロジェクトを手がけた人や、パーパスに則った成果を出した人をピックアップし、彼らのストーリーを記事にしているのだ。

それらをまとめたマガジンを社内に配布すると、取材された本人だけでなく、彼らの身近で働いている同僚たちも興味を持って目を通すことになる。記事を通して「パーパスに沿った行動とはどういうものなのか」を具体的に理解できるため、組織のパーパスを浸透させていくうえでは非常に効果的だ。多少手間のかかる方法ではあるが、ぜひ試してみていただきたい。

組織のパーパスづくりとＫＰＩ設定は、どこまでも表裏一体でなければならない。「自分たちの会社は、将来的に『イノベーション溢れる社会』を実現できるにちがいない。もしそうなのだとすれば、いまの自分は何をやるべきだろうか？」——そんなふうに各社員のなかにフィードフォワードな思考が生まれるような仕掛けをつくっていこう。

かつての「現状の外側」に安住していないか？

最後に大切なのは、企業の「現状の外側」のゴールは〝一度つくったらそれで終わり〟ではないということだ。

たしかに企業のパーパスには、組織が根底に抱えている「真のWant to」がなければならない。また、それは短期的な目標ではなく、10年とか30年、場合によっては100年といった長期スパンで果たすべき使命である以上、そうそう簡単に変わることはあり得ない。そのため、こうした経営理念を一度つくったら、それ以上は何も変えてはいけないと思っている人もいるかもしれない。

しかし、企業としてどういう未来を実現したいかとか、どんな価値観を大切にしていきたいかといったことについては、やはり定期的な見直しが必要になる。時代状況が大きく変わってくれば、未来像の更新が必要になるのはあたりまえだ。また、事業展開などに応じて獲得すべき強み（コアコンピタンス）が変化すれば、当然、企業として重んじるべき価値観（コアバリュー）も不変ではあり得ない。こうしたゴールの更新も、トップマネジメントが果たすべき大切な役目の1つだ。

「現状の外側」にある「途方もないゴール世界」にリアリティを抱くことは、エフィカシー・ドリブン・リーダーシップの中核だ。しかし同時に、組織の底流にはつねに現状肯定の感情が潜んでいることを忘れてはいけない。

かつて設定した「現状の外側」は、本当にいまでも「現状の外側」にあるだろうか？
それは気づかぬうちに「現状」へとすり替わっていないだろうか？
それが「組織のたるみ」「リーダーのたるみ」につながっていないだろうか？

企業の行く末を決めるトップリーダーはそこに目を光らせて、つねに「次なる現状の外側」に目を向けていなければならない。

もし自社の経営陣にそうした観点が欠けていると感じるなら、現場のリーダーから働きかけてみよう。それでもトップの意識がまったく変わらないようなら、そして、あなた自身が「真のWant to」に忠実に生きていきたいなら、そんな組織からはいますぐ去るべきだろう。

□あなたの会社のパーパスとＫＰＩには整合性が保たれているだろうか？
□人事評価にどんなＫＰＩを導入すると、メンバーはパーパスに「没入」できるだろうか？
□全社レベルでパーパスへの臨場感を高めるとき、どんな取り組みが考えられるか？

総論

チームが自然に生まれ変わるには?

リーダーシップの5原則

ここまでの内容を振り返っておこう。

第1章では、人を動かす原理が「外因的」なものから「内因的」なものにシフトしている背景を見てきた。続く第2章では、「認知科学」の考え方を参照しながら、人を内側から動かすうえでは「エフィカシー」がカギになることを確認した。

以上が「理論編」だとすれば、それに続く第3〜5章はエフィカシー・ドリブン・リーダーシップを、リーダー自身とチームに実装していくための「実践編」である。ここで取り出されたのが次の5原則だった。

① Have to を捨てる
② まず決断、プロセスはあと
③ パーパスの自分ごと化
④ メンバー全員 Want to
⑤ フィードフォワード

部下が「たるんでいる」と感じたり、チーム内の「熱量差」が気になったりしたときには、つねにこの5つの観点から自身のリーダーシップを見直してみよう。リーダーとしての自分に不足しているものがつかめるはずだ。

そして第6章では、主にトップマネジメントが「組織のパーパス」に対して果たすべき責任についても補足的に触れた。

まず「3割」を変えよう。そこから進化がはじまる

リーダー自身と各メンバーが承認欲求や外圧から解放され、各自のゴールに対するセルフ・エフィカシーを高めていくと、やがてチームや会社組織のエフィカシーも伸びはじめる。

改めて振り返っておくなら、**セルフ・エフィカシー**とは、ゴールの達成能力に対する自己評価である。あることを「実現できそうだ」と感じるとき、人はそれにエフィカシーを抱いている。

組織内のメンバーそれぞれが「現状の外側」にあるゴールに対して「自分ならできる！」という臨場感を持ち得たとき、組織レベルでもゴール世界への「没入」がはじまる。これは「組織の内部モデル」が書き換わった状態と言ってもいいだろう。

もちろん、全社員がいきなり現状を超えたリアリティにのめり込むことは難しいかもしれない。割合で言うならば、まず3割でいい。30%を超えるメンバーのエフィカシーが変わってくると、チーム

が大きく進化するのを実感できるはずだ。10人のチームなら3人、100人の組織なら30人、1000人の企業なら300人の内部モデルを変えることをまず目指そう。

3割以上のメンバーのエフィカシーが一定レベルを超えると、組織全体にも「自分たちならできる！／できる気しかしない!!」という手応えが徐々に広がっていく。組織としての自己効力感は、**集団的エフィカシー**とも呼ばれる。業界のルールを大きく刷新したり、産業レベルの変革をリードしたりする強い組織は、この集団的エフィカシーが群を抜いて高い。「うちの会社ならやれるはずだ！そして、この会社にいる自分もやれるはずだ！」という自信が、働く人たちにみなぎっている。

だが、彼らは昇進や報酬のためだけに奮闘しているわけではない。また、人事評価や解雇が恐ろしくて必死になっているわけでもない。彼らはたしかに、自分の心地よさのために突き進んでいる。

これは人と組織の「コンフォートゾーン」が書き換わっているからだった。ゴールに邁進している状態こそが、彼らにとっての自然体になっている。逆に、現状維持に甘んじた「たるんだ状態」のほうがはるかに不快に感じられる。そういうふうに脳が生まれ変わってしまっているわけだ。

「居心地のいい職場」は褒め言葉ではない

あなたのチーム・組織はどうだろう？「自分たちにできるのはせいぜいこれくらい」とか「自分たちはこの程度できていれば十分」という認知が蔓延していないだろうか？

変化を求められる時代には、チーム・組織のエフィカシーがものを言う。エフィカシーの低い集団を率いるリーダーは、今後大きな危機を迎えることになるだろう。「自分にはできる！」という手応えを持っている人材ほど、たるんだ組織に対して居心地の悪さを感じ、そこから離れていくからだ。

その結果、チームに残ることになるのは、エフィカシーの低い人間たちだけだ。メンバーから「この会社、すごく居心地がいいです」「〇〇さんの部下だと、とてもやりやすいです」などと言われて浮かれているリーダーは、いますぐ認識を改めたほうがいい。

「この程度で十分」と現状に甘んじているチーム・組織は、どんどん変革の力を失っていく。やがては時代の荒波に淘汰されることになるだろう。エフィカシーレベルの高低は、いまや組織の行く末を占う先行指標だとも言えるのだ。

逆に、生き残るのは「熱量差」の問題を克服し、チーム全体に「自分たちはやれる！　やれる気しかしない！」という認知を生み出し得た集団だ。リーダーにはその仕事が求められている。

最後にもう一度問おう。

あなたの職場、あなたの会社は、高いエフィカシーを保っているだろうか？

そして、あなた自身は、高いエフィカシーを持てているだろうか？

おわりに　組織の進化を創る

――李英俊

『チームが自然に生まれ変わる――「らしさ」を極めるリーダーシップ』、お読みいただきありがとうございました。

いかがだったでしょうか？「リーダーの現実はどうにもならないことだらけ。こんなのは理想論だ！」――そんな想いが胸の内で渦巻いている方もいらっしゃるのではないかと思います。

たしかに、率いているチーム・組織の大きさに関係なく、リーダーの目の前には膨大なHave toがあります。しかもそれぞれのメンバーは、ロボットでも動物でもありません。バラバラな価値観に従って、各々に行動する独立した人間です。自分だけならまだしも、チーム全員の視線を「現状の外側のゴール」に向けさせ、エフィカシーを高めていくなんて、そんなことが可能なのか。やっぱり理想論じゃないのか。そう思われても仕方ないのかもしれません。

しかし、人を動かすのは、やはり「理想」です。これは歴史が証明してきた事実です。

人間の脳には心理的ホメオスタシスがあり、とにかく「現状」からの変化を嫌がります。それは人類が持っているうちでも、最も強固な「本能」の1つです。

人の集合である組織全体にも、この心理的ホメオスタシスに似た力が強く作用するようになっています。組織開発においては、必ずと言っていいほど「心理的安全性」が議論のテーマになりますが、これもまた「現状の外側」に向かう高水準のゴール設定がなければ逆効果です。チャレンジや発達志向性がないまま、組織内の心理的安全性だけを高めようとすれば、むしろ、現状維持バイアスを強める結果になるのです。

だとすれば、そんな脳のクセを〝ハック〟すればいい——それが本書の核心でした。どうやっても心理的ホメオスタシスに打ち克てないのならば、脳が元に戻ろうとする基準点そのものを「現状の外側」に移してしまえばいい。そうすれば、人の行動はおのずと変化する。

拍子抜けするほど単純なロジックです。そのための方法をこの本ではお伝えしてきました。その意味で、エフィカシーを駆動力にするリーダーシップは、決して理想主義者のためのものではありません。それどころか、組織やチームの変革を心から望んでいる「徹底したリアリストのための方法論」なのです。

私がそう断言できるのは、人や組織の「内部モデル」を変えれば、おのずと結果はついてくるということを、これまで何度も実感してきているからです。

トップマネジメントから管理職までのリーダーたちが、山積する問題や課題に対処しているばかりでは、「内部モデル」は決して変わりません。目の前の問題の多くはHave toそのものです。Have toへの対処に没入しているかぎり、いつまで経っても「現状の外側」に目が向くことはないのです。

解決すべき「真の問題」は、いま目の前にある問題そのものではなく、「その問題を生んでいる前提」のほうにあります。必要なのは、まず認知を変えることです。「現状の外側」のゴールが達成された可能世界においては、いま目の前にある問題は「問題」として認識されることすらないのですから。

本書でお伝えしてきたリーダー実践論によって、私は数々の企業変革プロジェクトを成功に導いてきました。その発想の起点は、ビジネススクールで語られる経営戦略とは根本的に違っています。「戦略」とは、市場とその企業の「らしさ」とをつなぐものであり、他社には真似できない、自分たちにしか達成できない「市場との約束」です。たとえ約束した内容が現時点の組織の能力を大きく超えていたとしても、「その約束を守ることが、自分たちのWant toである」と断言できるのなら、それは立派なゴールだと言えます。

そして、そのゴールに対して臨場感を持てた組織では、内部モデルの変革が進みます。どこまでも「現状維持」にこだわる組織を変革するうえでは、そのような「らしさ」を起点としたリーダーシップが不可欠なのです。

人や組織は、「いま、ここにないもの」を生み出すことができる存在です。

既存のものを元にゴールを設定していては、いつまで経っても自分でそれを超えることはできません。ゴールは自らが創造するものなのです。そして、そのカギになるものが、本書で幾度となく登場するエフィカシーです。

また最近では、働きがいや、心理的安全性、従業員満足度に加えて、組織のエンゲージメントも、リーダーが向き合うべきミッションの1つとして意識されるようになっています。

とはいえ、世の中で語られているエンゲージメントには、少し誤解があるように思います。エンゲージメントにとって問題なのは、従業員の社歴がどれくらい長いかとか、どうやって愛社精神や忠誠心の高いメンバーを獲得するかとかいったことではありません。

エンゲージメントとは、「組織に関わる人たちが、組織のパーパス達成をどれくらい信じきれているか」の度合いです。つまり、集団的なエフィカシーの完成度のことにほかならないのです。

自分たちの組織のパーパスは何なのか？　リーダーであるあなた自身が、まず組織のパーパスを「自分ごと化」できており、「その気」になれているか？　そして、いつかそのパーパスが達成されると心から信じている仲間が、社内外にどれだけいるのか？

これがエンゲージメントの本質です。だからこそ、エンゲージメントが高い組織においては、「熱量の差」が埋まっていくのです。エンゲージメントの高い組織というのは、集団的なエフィカシーが高い組織のことであり、それが企業文化にまで昇華されている「進化した組織」のことです。

再生困難だと言われた国内最大級リゾートホテルの再建、コロナ禍でビジネスモデルを大きく変革して躍進したベンチャー企業、なかなか新規ヒット商品が生まれなかった老舗メーカーの組織変革……

私がコンサルタントとして関わってきた数々の企業では、いつもどこかで「組織の平熱」が高まりはじめる瞬間がありました。

「自分たちならこの途方もないゴールを達成できるんじゃないか。いや、必ず達成できるはずだ！」

——そんなふうにパーパスとエフィカシーとの折り合いがつき、経営トップから現場メンバーの全員が「その気」になった瞬間がありました。

ぜひ、その「瞬間」をあなたがつくってください。

そのために本書『チームが自然に生まれ変わる』があります。

この本を手に取ってくださったリーダーのなかには、イノベーションに向けた変革の渦中にあり、矢面に立たされている人もいるでしょう。チーム・組織の「現状維持」すらも心許ない状況で、「現状の外側」のゴールを思い描くことなんてとてもできそうにない人もいるでしょう。たしかにリーダーを取り巻く環境は、決して甘いものではありません。

しかし、そんな人にこそ「エフィカシー・ドリブン・リーダーシップ」の考え方を知っていただきたいという思いで、この本をしたためました。

他人が求めるHave toに押しつぶされそうなときこそ、あなた自身のWant toに、自分たちのパーパスに目を向けてください。現実のなかに答えはありません。現実を突破するのは、いつだって理想です。「らしさ」を極めたその先に、より大きなパーパスを実現し終えている自分を発見していただければと思います。

◇　◇　◇

最後に少しだけ、私の話をさせてください。いまから5年ほど前に、自分の本当のWant toとリーダーとしてのパーパスを見つめ直したときの話です。

そのころの私は、こんな想いにとらわれていました。

経営コンサルタントとして、事業家として、チェンジエージェントとして、私はいい仕事をしてきました。いまでもそうですし、それはこれからもずっと変わりません。ありとあらゆるリソースを投入して、クライアント企業の内部モデルを変更し、クライアントとともに理想的な組織文化を創っていく。その仕事に全身全霊を捧げています。

しかし、クライアント企業にせよ、コンサルティング業界にせよ、HR業界にせよ、現実はまだまだこういった理想の景色からはほど遠くにあります。

戦略的な意図がないままに設定される、誰も本気にさせない予算。スケジュールだけが決まっており、当事者が不在なままひたすら空転するPDCA。多重構造の数字管理。真なるWant toに目を向けない統制型の硬直した組織。人間のMind（心と脳）のエネルギーの無駄遣い。働く人たちの忍耐力だけに頼った現状維持のパワーゲーム。そのパワーゲームの片棒を担ぐだけのコンサルタントやHR関係者たち……。

とにかく、これらが嫌いです。みんな理想に遠いです。私はそれを見聞きしてはイライラしていました。「自分はそういったこととは無縁であり、まったく違う価値を提供している」という自負がありました。「自分は理想をやっている。自分でできる範囲のベストをやり、限界を日々生きている」――そう考えていました。

ですが、あるときふと気づいたのです。

「あれ？　『自分のできる範囲の限界』って……？　自分がいちばん『現状維持』になっている……」

「仮面のWant to」に生きているのは、私自身だったのです。

私は自分のWant toに従っているつもりでいながらも、いつのまにか「自分の代わりにやってくれるであろう誰か」を探していました。自分の人生のことなのに、その「誰か」をあてにして世界が進むのを止めてしまっていました。

これに気づいた瞬間は、本当に衝撃的でした。恥ずかしい気持ち、後悔の気持ちが強く襲ってきて、夜も眠れない日々が4日ほど続きました。

なぜ「できる範囲」にとどまろうとしているのか。やりたくないのか。自信がないのか。クライアントのために働くコンサルタントは、「できる範囲」以上のことをやってはいけないのか。それとも、まさか、リスクや新しい責任を引き受けるのがしんどいとでも思っているのだろうか……。

とにもかくにも、自分で自分に腹が立ちました。そして、コンサルティングファームの代表として、理想をやりきる覚悟や、やりきるチームを社内外に持っていないこと、そしてそれらを放置してきた自分に心の底からＮＯ!!を突きつけました。

そして、そのとき私は1つの「決断」をしました。

「私が、私の脳みそで思いつくようなことに自分の人生のハンドルを渡すのをやめる」

「新たなコンサルティングサービスの開発」といった現状のパフォーマンスを高めることに力を割くことは、すべてやめようと決めました。

そして、自分自身と仲間たちの本音に向き合い、自分たちの組織に存在していた2つの根本的なWant to、すなわち「すべての人が自己変革に取り組む発達志向型組織をつくること」「企業の存在意義そのものをイノベーションすること」を見つめ直したのです。

それをステートメント化したのが、この「おわりに」のタイトルにもなっている次の言葉です。

「組織の進化を創る」

自分たちを徹底的に掘り下げて生まれたパーパスがこれでした。エフィカシーの高いカルチャーを通じてビジネスを成長させていく企業を育て、そういう企業で社会を充たしていく――そのためになら人生をかけてかまわないと心の底から思うことができました。

これを担うためのリソースも準備もいまの私には足りていません。しかし、「未来の私」はそれに満ち溢れています。そんなゴール世界の映像が、私の頭のなかには鮮明に浮かんでいます。

このゴール設定から稔った「果実」が2つあります。

1つは、プロフェッショナルコーチ養成スクールです。

コロナ禍がはじまる直前の2019年末、私はイマジネーションの限界をつくらないリーダー人材を育成するための、6カ月にわたる完全オンラインのスクールを開校しました。

このスクールを通じて、本書がお伝えしてきた「ゴール設定」をクライアントに提供するプロコーチたちが、すでに200名以上生まれています。彼らそれぞれがクライアントとともに現状の外側にある大きなゴールを創造し、クライアントの内部モデルを変えることに成功しています。

エフィカシー・ドリブン・リーダーシップの考え方は、スクールの卒業生はもちろん、その周囲にまで大きな影響を与えており、「チームが自然に生まれ変わる」ことを現実にしている仲間がどんどん加速度的に増えています。

そしてもう1つの果実が、本書『チームが自然に生まれ変わる』です。

私は以前から、認知科学のバックグラウンド、コーチングスクールで伝えてきた知見、企業変革で培ったノウハウをすべて結集させたうえで、そのエッセンスをなんとかして世の中の悩めるリーダーたちにシェアしたいと感じていました。

それを今回、このような一冊としてまとめることができたのは、共著者である堀田創さんのおかげです。彼との出会いなくしては、この本が誕生することはあり得ませんでした。

私はこれまでコンサルタントやトレーナーとして、数多くの方に「創造性に満ちた経営人材育成と組織開発を両立させるためには、『現状の外側にあるゴール達成』をメンバー全員が確信している状態、つまり、コレクティブ(集団的)エフィカシーが必要不可欠である」というメッセージを伝えてきました。

しかし、堀田さんほどすばやく的確にそのエッセンスを理解し、見事に構造化してみせ、実際の経営にまで取り込んだ人には会ったことがありません。改めて堀田さんにはお礼の気持ちをお伝えしたいと思います。また、コーチングスクール関係者全員にも御礼を申し上げます。

最後に、本書をお読みいただいたみなさんにも心より御礼を申し上げます。左のFacebookグループにて、読者さま向けのサービスをご用意させていただきました。私が毎月開催している「真なるWant to」を発見するためのワークショップに無料ご招待いたします。3時間のレクチャーアーカイブ動画と、3時間のオンラインレッスンがついてきますので、ぜひご参加ください。

李英俊

◆『チームが自然に生まれ変わる』Facebookグループ
https://www.facebook.com/groups/2365707783692 06
（サービスは予告なく終了することがございます。あらかじめご了承ください）

［著者紹介］

李 英俊 Lee Youngjun

マインドセット株式会社代表取締役／コンサルタント／エグゼクティブコーチ
2003年、新卒で外資コンサルティングファームに参画し、官公庁・民間企業向け事業再生・組織変革に従事。その後、インキュベーター企業で新規事業開発のプロフェッショナルとして活躍したほか、戦略人事機能を担当する執行役として同社IPOに貢献する。

2008年より、歴史的文化財の利活用にフォーカスした国内屈指の事業再生企業で、コンサルタント・戦略人事・マーケティング管掌の取締役に。大規模再生案件プロジェクトを推進する傍ら、急成長企業である同社を「働きがいのある会社」ランキング（GPTW）に5年連続で入賞させる。

2016年、マインドセット株式会社を創業。代表取締役を務める。次世代経営リーダーの育成、自己変革に取り組む発達志向型組織へのサポートをするため、組織開発コンサルティングを行うほか、プロフェッショナルコーチ養成機関を主宰。イノベーションと戦略人事機能が交差する領域で、急成長ベンチャーから大企業に至るまで組織の規模を問わず、コーポレートゴールの達成とエフィカシーの高いカルチャー創りを支援している。

トレーナーとして、過去19年間で2400回以上、4万時間以上の指導実績を誇る。また、プロアスリート・運動指導者・起業家・イノベーターに向けた身体開発・操作能力向上の指導も手がける。2021年9月には、最新のウェルネスとAIテクノロジーを掛け合わせた次世代ウェルビーイング複合施設「Yawara」を東京・原宿にオープン。本作が初の著書となる。

▶ Mindset, Inc.　https://mindset.co.jp/
▶ Yawara　https://yawara.fit/

堀田 創 Hotta Hajime, Ph.D.

株式会社シナモン 執行役員／フューチャリスト
1982年生まれ。学生時代より一貫して、ニューラルネットワークなどの人工知能研究に従事し、25歳で慶應義塾大学大学院理工学研究科後期博士課程修了（工学博士）。

2005・2006年、「IPA未踏ソフトウェア創造事業」に採択。2005年よりシリウステクノロジーズに参画し、位置連動型広告配信システムAdLocalの開発を担当。在学中にネイキッドテクノロジーを創業したのち、同社をmixiに売却。

さらに、AI-OCR・音声認識・自然言語処理（NLP）など、人工知能のビジネスソリューションを提供する最注目のAIスタートアップ「シナモンAI」を共同創業。現在は同社のフューチャリストとして活躍し、東南アジアの優秀なエンジニアたちをリードする立場にある。

「イノベーターの味方であり続けること」を信条に、経営者・リーダー層向けのアドバイザリーやコーチングセッションも実施中。認知科学の知見を参照しながら、人・組織のエフィカシーを高める方法論を探究している。マレーシア在住。

著書に『ダブルハーベスト―勝ち続ける仕組みをつくるAI時代の戦略デザイン』（尾原和啓氏との共著、ダイヤモンド社）がある。

▶ note　note.com/htt
▶ Twitter　@HajimeHotta

チームが自然に生まれ変わる
──「らしさ」を極めるリーダーシップ

2021年11月16日　第1刷発行
2021年12月23日　第3刷発行

著　者──李 英俊・堀田 創
発行所──ダイヤモンド社
〒150-8409　東京都渋谷区神宮前6-12-17
https://www.diamond.co.jp/
電話／03･5778･7233（編集）　03･5778･7240（販売）

ブックデザイン──三森健太＋永井里実[JUNGLE]
校正────鷗来堂
製作進行──ダイヤモンド・グラフィック社
印刷────三松堂
製本────ブックアート
編集協力──野口孝行
編集担当──藤田 悠（y-fujita@diamond.co.jp）

ISBN 978-4-478-11232-8